もくじ

中谷宇吉郎　雪を作る話

自然の恵み ——少国民のための新しい雪の話

われわれは大きい自然の中で生きている。この自然は、隅の隅まで、精巧をきわめた構造になっている。その構造には、何一つ無駄がなくて、またどんな細かいところまでも、実に美しく出来上がっている。

寺田先生(1)がかつて、どんなに精巧につくられた造花でも、虫眼鏡《むしめがね》でのぞいてみると汚らしいが、どんなつまらぬ雑草の一部分でも、顕微鏡《けんびきょう》でみると、実に驚くほど美しいということを書いておられる。これは非常に意味の深い言葉であって、自然のいろいろな物質、それは生命のあるものまでも含めての話であるが、そのものの深い奥底にかくされた造化《ぞうか》の秘密には、不思議さと同時に美しさがある。そしてその不思議さと美しさとにおどろく心は、単に科学の芽生えばかりではなく、また人間性の芽生えでもある。

こういう自然のいわば科学的の美と神秘とを、最もよく示す代表的なものとして、しばしば雪の結晶が例にひかれる。そしてこの例は、いかにも適切な例である。それで雪の結晶のことを、こういう自然の、いわば精神的な意味での恵みという立場から、少し話してみよう。もっとも雪の話は、今までに何度も書いたことがあるので、雪の結晶そのものの説明、例えば水蒸気の昇華《しょうか》作用で出来た氷の結晶が即《すなわ》ち雪であるというような話は、今回は略すことにしよう。ただ数年前まではよくわかっていなかった結晶のかくのことだけは、一寸《ちょっと》書いておく必要がある。

その本体からいっても、またその出来方からいっても、雪に一番よく似ているものは、霜《しも》である。もっとも霜には二種類あって、一種類は結晶ではないが、他の一種類は立派な結晶になっている。この霜の結晶と、雪の結晶とは非常に似たものであって、そのちがいは出来る場所だけの差である。霜の方は、地上の物体、例えば草とか、石とかいうものの上に出来た結晶であり、雪は大気中で出来た結晶であるという、それだけのちがいである。大気というのは、地球上に実際にある空気という意味である。本体は、ともに氷の結晶であるが、霜の方は、地上の物体の上に出来るので、ふつう上の方へ半分しか発達しない。下の方は、その物体がじゃまになるのでのびられない。雪はそれとちがって、大気中に浮かんだ形で成長するので、何もじゃまになるものがなく、本来の形のとおりに完全に発達する。六花の美しい形が、氷の結晶の本来の姿なのである。

ところで大気中で水蒸気が凍《こお》りついてといっても、大気中に、何か凍りつく芯《しん》になるものがなくては、水蒸気は凍りつけない。その芯のことを、かくといっているが、このかくが何であるかが、昔から問題になっていた。五、六年前までは、眼にはもちろんのこと顕微鏡でも見えないようなきわめて小さいごみが大気中にあって、そのごみが中心になって、雪の結晶が出来るのであろうと、学者の間でもぼんやりと考えていた。そういう顕微鏡でも見えないようなごみが、大気中にたくさんあることは、前からわかっていた。空が青く見えるのは、そういうきわめて小さいごみでも日光が散らされるからである。

しかしそういうごみがあることはたしかでも、果してそれが雪のかくになるか否かは、たしかめられていなかった。それで私たちの教室の熊井君[2]が、三年ばかり前から、電子顕微鏡を使って、このかくを調べる研究をはじめた。大雪山のような山奥へ行って、なるべく汚れないきれいな雪の結晶をとり、その中心部を電子顕微鏡用の薄い膜《まく》にうけ、氷を蒸発させて、かくだけが膜の上にのこるようにする。雪が蒸発したあとは、もちろん何も見えない。しかし、この膜を電子顕微鏡にかけて、一万倍くらいに拡大した写真をとってみる。そして何か出て来れば、それが雪のかくであろうというわけである。

今までに五十枚以上こういう写真をとって調べた結果、ほとんど全部に、何かごみのようなものがあることがわかった。形はさまざまで、粘土の成分である長石という鉱物のきわめて小さい結晶と全く同じような形のものもあり、また胞子《ほうし》のような恰好《かっこう》のものもある。雪の結晶の中心部に、そういうごみが見付かっても、それはあとから付着したごみかもしれないし、また雪を受けている間に、外からまぎれ込んだごみかもしれない。それではっきりとかくであると断定することは、非常にむつかしい。しかしもうずいぶんたくさん写真をとったし、ほとんどいつでもそういうものが存在することがわかったので、現在ではほぼ確実に、雪のかくをつかまえたといってもよい程度まで研究が進んだ。

そういうかくがあることがわかれば、あとは話が簡単である。まず三千メートルとか五千メートルとかいう上空で、水蒸気がこのかくにくっついて、きわめて小さい氷の結晶が出来る。これは普通大きさが直径百分の一ミリくらいのきわめて小さい氷の結晶である。これを気象学の方では、氷晶といっている。この氷晶は、実は前からわかっていたものである。青空の高いところに、刷毛《はけ》ではいたような形の雲がよく現われ、それをわれわれは巻雲《けんうん》といっている。あの巻雲は、実はこの氷晶の集まったものである。巻雲は夏でもよく見られるが、あれは八千メートルから九千メートルくらいの高さに出来るので、そういう上空では、夏でも零下《れいか》三十度くらいの寒さになっている。それでああいう雲は、氷の粒の集まりであっても、ちっとも不思議ではない。

初めに上空でこの氷晶が出来、それが或《あ》る程度成長して、きわめてゆっくり降って来る間に、水蒸気の多いところへ来ると、その上にさらに水蒸気が凍りつく。するとだんだん大きくなって、落ちる速さも増し、地表に近い気層まで落ち込んで来る。地表近くへ来るまでの途中には、水蒸気の量と気温とのいろいろにちがったところを通って来るので、その間にますます水蒸気が凍りつく。そしてその場合の気温と水蒸気の量とによって、いろいろな形の結晶になって地表にとどく。私たちが見るのは、もちろんこの地表へ届いた時の形である。大きい結晶といっても、ふつうは直径二ミリとか三ミリとかいう程度で、小さいものではあるが、百分の一ミリくらいの氷晶からみれば、二百倍も三百倍も大きくなっている。それに三ミリといえば、充分眼に見える大きさであるから、この場合大きいといってもちっともさしつかえない。

雪の結晶というと、誰でもすぐ顕微鏡写真を思い出す。そして顕微鏡で見るということが先に頭へ来るので、たいていの人は普通の肉眼ではとても見えないものと思い込んでいるらしい。というのは、雪国に住んで、冬の間中毎日のように雪を見ている人が、ほとんど誰も雪の結晶の形を自分の眼で見ていないのが、まことに不思議であるからである。札幌などで、雪の降っている中を歩いている時に、よく「この雪が皆美しい結晶をしているのですってね」というようなことをいう人がある。それで「ええ、こんなに美しい形をしていますよ」と外套《がいとう》の袖《そで》にくっついた雪を指して見せる。袖の上には小人の国の勲章《くんしょう》のような美しい六花がのっている。そこで初めて「へえ、こんなに大きいものですか、なるほど六花になっていますなあ」と驚く人が多い。直径三ミリあれば、小豆粒《あずき》くらいはあるのだから、肉眼で充分よくその形も模様もわかるのである。時には、小指の爪くらいの大きさの結晶もまじっている。

美しい写真をとったり、科学的に構造を調べたりするには、もちろん顕微鏡を使わねばならない。しかしその美しさをみとめ、自然の神秘に感嘆するだけならば、何も顕微鏡を必要とはしない。そういうふうにいうとすぐ、感嘆するだけでは、科学的でないというような抗議がでるが、それはまちがいである。顕微鏡写真で形を知ったり、本を読んで分類の名前をおぼえたりすることよりも、自分の眼で一片の雪の結晶を見つめ、自然の持っている美しさと調和とに眼を開くことの方が、ずっと科学的である。非科学の代表は、自分のすぐ眼の前にある自然の巧みを見ないで、むやみと名前や理論などだけを言葉でおぼえることである。

冬になると、よくいろいろな人から、雪の結晶の易《やさ》しい観察法を教えてくれといわれる。その答はきわめて簡単である。「腕を曲げて、外套の袖にのっている雪をごらんなさい」と、これだけである。もっとも本州では、北陸地方や東北地方などでも、ひるの間は、一寸観察が困難である。雪が降っている時は、案外気温はあたたかい。特にひるのうちだと、気温が零度《れいど》以上の場合が多い。せいぜい寒くても、零下二度とか三度とかいう程度である。その程度の寒さでは、外套の袖はたいてい零度以上になっているので、すぐとけてしまう。それよりも厄介《やっかい》なことは、雪の結晶自身が、地表にとどくまでに、一部分既《すで》にとけてしまっていることである。それではどうにも観察のしようがない。それで夜大分晩《おそ》くなって、気温が下がった時か、或《ある》いは千メートル程度の高さの土地かで、観察をしなければならない。本州の中央部で千メートルの高さのところだと、だいたい北海道の平地の気候と思ってさしつかえない。それで北陸や東北の平地では夜の寒い時、信州の山がかったところではひるも、観測が出来ると思ってよいであろう。寒ささえ充分ならば、あとは外套の腕を曲げて、顔をそっちへ向けるだけでよい。夜見世で売っている程度の虫眼鏡があれば、なお結構である。

少し山がかったところへスキーなどに行った時、雪の上に腰を下《おろ》して、袖にふりかかる結晶を覗《のぞ》いてみるのは、非常に楽しみなものである。風があまりなくて、硼酸《ほうさん》(3)の粉のような雪がちらちら降って来る時は、たいてい六花の結晶、即ち雪の代表的な結晶である。非常に薄い平板状の結晶で、面はなめらかに光っている。形はいろいろあるが、皆六本の枝が中心から規則正しく六方へ伸び出た形になっている。まれに六角板も降ることがあるが、日本ではこの六角板は皆小さいので、よく注意しないと見逃すことが多い。細かい小枝がたくさん出ていて、羊歯《しだ》の葉のような形をした枝が、中心から六本出ている結晶が、代表的な六花結晶である。これだと小指の爪くらいの大きさのものがある。小人の国の勲章といったのは、この種類の結晶のことである。まれにこの六花が二つ重なって、十二花になった結晶も降る。そういうものが見付かったら、家へ帰って、お父さんやお母さんに大威張りでふいちょうしてもよい。そして友だちを、大いに羨《うらやま》しがらせてやるべきである。

もっとも内地では、六花の結晶がはなればなれになって降ることはあまりない。たいていはこういう結晶が、何十或いは何百と集まって、大きい雪片となって降って来る。牡丹《ぼたん》雪とか、綿《わた》雪とかいうのは、この雪片の名前である。牡丹雪の雪片をよく見ると、六花の結晶がたくさん集まったものであることがわかる。氷は零下十度くらいの寒さだとさらさらしているが、零度近く、例えば零下二度とか三度とかいう温度になると、少しくっつく性質が出てくる。雪の結晶は、上空の寒いところでは、はなればなれに降っているのであるが、地表近くの比較的温かいところへ来ると、落下の途中で互いに衝突した時くっついて、雪片になるのである。北海道で千メートルくらいの高さの山へ行くと、六花の結晶があまり雪片を作らずに、はなればなれに降って来る。そういうのが、一番きれいな形をしている。

少し吹雪《ふぶき》めいて、非常に濃い雪がどんどん降って来る時は、結晶は一般には六花型をしていない。枝の一本を見ると、六花の一枝と同じ形をしているが、それがたくさん集まって、中心から八方へ立体的にのび出ている。即ち栗のいがのような形をしている場合が多い。或いは六花を基本として、その枝の各点から、他の枝が立体的にのびているものもある。両者とも平板状でなく、立体的になっているのが特徴である。北海道などで、前を行く人の姿も見失いがちになるような濃い雪が降ることがよくあるが、そういう時は、たいていこの立体構造の雪である。

ところで六花にしても、いがにしても、時々妙に厚ぼったい感じがすることがある。結晶の面がきらきら光らなくて、白墨《はくぼく》の粉のように鈍《にぶ》い白さになっている。この結晶は、顕微鏡でなくては、その構造がよくわからないが、これは非常に小さい円《まる》い氷の粒がたくさん凍りついているので、にぶい白色に見えるのである。いわば硼酸の結晶に、白墨の粉をまぶしたようになっている。この白墨の粉に相当する氷の粒は、直径が百分の二ミリくらいのきわめて小さいものである。これは実は雲の粒なのであって、雪の結晶が降って来る途中で、雲の中を通ると、雲の粒が凍りついてこういう結晶が出来るのである。ここでは雲といったが、霧《きり》といっても同じことで、雲と霧とは、本質的にはちがいがない。両方とも直径百分の二ミリ程度の小さい水滴の集まりである。それが空の高いところにあると雲といい、地表近いところにあると霧というだけのことである。

ここで一つ疑問が出るであろう。冬の上空はもちろん零度以下であるはずである。そういうところに水滴の雲の粒があるのは可怪《おか》しいと思われるであろう。しかしそれはちっともへんなことではない。氷は零度で凍るはずだと思っている方が、まちがっているのである。学校でもしそういうふうに教わっていたら、それは訂正する必要がある。水は氷とふれ合っていると、零度で凍る。しかし純粋な水だけを、静かに冷やしてやると、零下五度くらいまでは凍らない。充分注意して実験すると、零下二十度近くまで凍らない。特に小さい水滴にして、空中に浮かんだ状態で冷やすと、零下三十七度までは、液体のままの状態でいる。何も不思議ではないので、それが水の性質である。

こういう状態の水、即ち零度以下でも液体の状態になっている水を、過冷却の水という。冬の空をおおっている灰色の雲は、ほとんど全部この過冷却の水滴から出来ている雲である。即ち雨雲である。ところでこの過冷却の水は、氷にふれるとすぐ凍る性質があるので、雪の結晶にこの雲の粒がふれると、すぐ凍りつくのである。こういう雲の厚い層があって、その中を雪の結晶が降って来ると、沢山《たくさん》の雲粒が、上へ上へと凍りついて、だんだん塊状《かたまり》になる。とくに立体的の雪に、沢山この雲粒がつくと、氷粒の塊になる。それが霰《あられ》なのである。霰が秋の末から冬の初めによく降るのは、うんと高いところで雪が出来、下の方に厚い雲の層があるからである。それに上昇気流といって、大気中に空へ昇る流れがあると、雪が落ちるのに長い時間かかるので、霰が出来易《やす》い。冬の初めには、この上昇気流がよく起るのである。

もう一度外套の袖に戻ろう。非常に寒い時には、粉雪が降る。ここでいう粉雪は、スキー家たちが、いい粉雪だったというあの粉雪のことではない。スキー家たちのいう粉雪は、地面の上につもった雪がさらさらしているという意味である。それで六花でも何でも、さらさらしておれば粉雪だという。そうでなくて、空から降って来る雪が、細かい粉のような形をしている場合を、ここでは粉雪ということにする。粉雪を外套の袖に受けてみると、白い砂をまいたように見える。一寸見たところでは、ただの粉のようであるが、よく注意して見ると、それが小さい六角の柱になっていることを知るであろう。虫眼鏡で覗いてみると、水晶《すいしょう》の結晶のように、六角の柱の先が尖《とが》っているものもあり、ただの六角の柱もある。いずれも本当の水晶以上にきらきらと美しく輝いている。水晶を磨《みが》いて、こういう小さい宝物を作ったら、たいへんな贅沢《ぜいたく》なものになるであろう。そういう宝物が、何億何兆となく降って来て、しかもそれがすぐ自分の眼の前にあるのに、それを全然見ようとしないのは、ずいぶんもったいない話である。

宝物といえば、このお伽《とぎ》の国の水晶よりも、もっと珍しい貴重な芸術品も降って来る。それは六角の柱の上と下とに、六花の花型が咲いた結晶である。六角の鼓《つづみ》のような形をしているので、鼓型の結晶と呼ぶことにしている。もっとも外国人には何のことかわからないかもしれないが。鼓型の結晶は、肉眼で充分よく見えるくらいの大きさである。上から見ると、普通の六花のようであるが、横から見ると、ちゃんと鼓の形をしているので、本物を見たら、誰でもなるほどと驚くにちがいない。

冬山のスキーで、人間の住んでいる世界から遠くはなれ、見渡す限りただ一面の白銀の世界。人間の声はもちろんのこと、機械の音も鳥の声も、何一つきこえない山奥で、雪だけはしんしんと音もなく降っている。そういうところで、一寸足を停めて、しばしの休みをとる。その時に、アノラックの袖の上に、この鼓型の雪がたくさん降って来る。それを縦から横からと眺め入りながら、自然の秘めた神秘に、今さらのように感嘆の想いを新しくする。それは自然を見ることを知った人間の一つの特権である。

われわれの周囲には、雪と限らず、あらゆるものが、常に自然の美しさと調和とを示すために、その全体の姿をあけ放している。ただ一つ厄介なことは、せっかくこの自然の女神《めがみ》の恵みを、人間があまり受け入れないことである。科学普及などという言葉が、案外それをじゃます

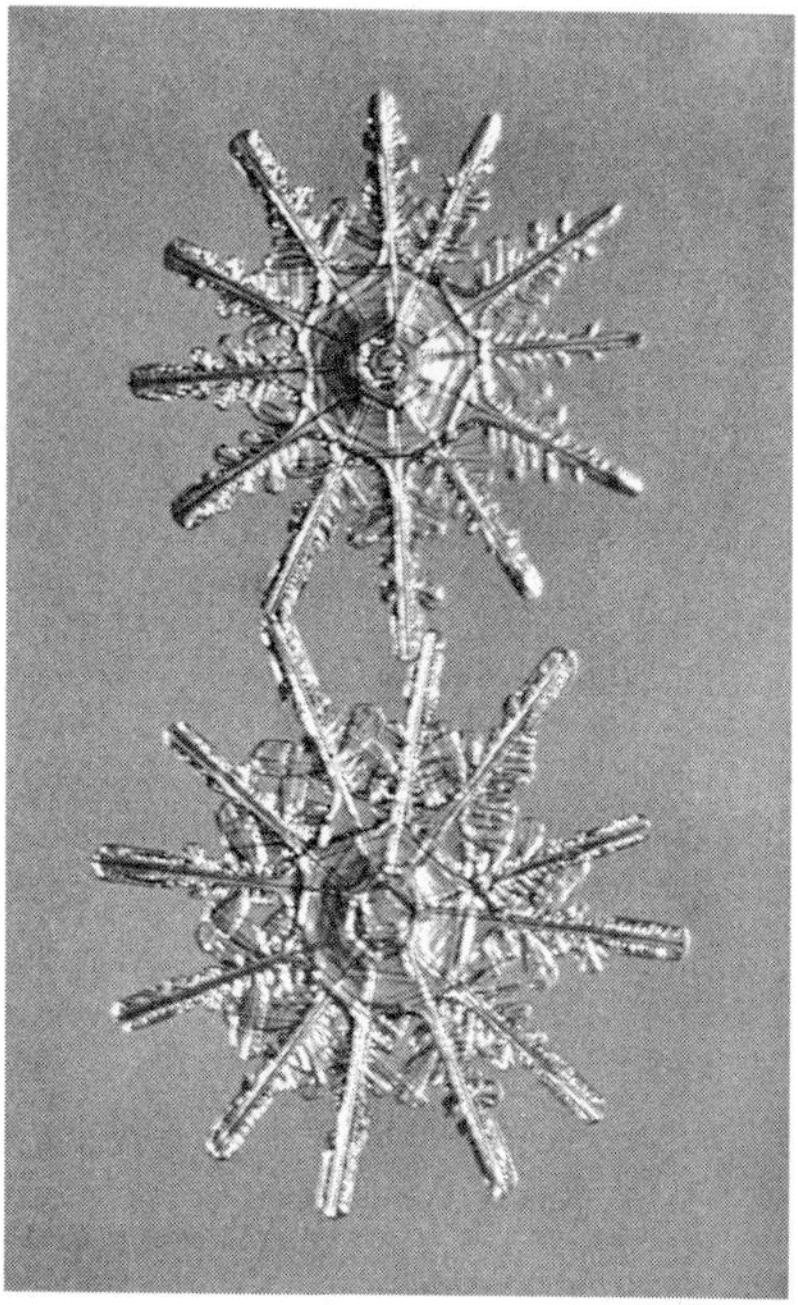

口絵の写真

る方に役立つことがないように希望する。

　科学の進歩が、原子爆弾を作ることだけに役立つものならば、科学はむしろ進歩しない方がよいかもしれない。原子力の解放は、ギリシャ時代から今日までの長い科学の歴史の上で、人類の智力がかち得た最もかがやかしい勝利である。しかしそれが人類に幸福をもたらすものか否《いな》かは、また別の問題である。現在原子爆弾を一番こわがっている国は、それを発明したアメリカ自身である。しかし科学はたしかに人間の幸福にも役立つものであって、その一つに、新しい美を発見するという大切な要素があることを忘れてはならないのである。

雪の結晶が、お伽の国の宝物であることを、一番雄弁に物語ってくれるものは、口絵に出した写真である。この写真を一度見れば、もうあとは何も説明する必要がないであろう。ただどうすればこういう美しい写真が撮れるかということは、一寸説明しておいた方がよいであろう。

雪の結晶は自然の女神が作った氷の細工物である。いずれにしても氷であるから、本来すきとおったものである。そういうすきとおったものが写真にとれるのは、その輪郭のはじのところや、表面の凹凸のあるところで、光が全反射をするために、そこが黒い線になってうつるからである。それで光を結晶の下から真直《まっす》ぐにとおして写真をとると、白地に白く結晶が出て、輪郭と内部の著《いちじる》しい凹凸のところだけが、黒い線になってうつる。この方法が、内部の細かい構造を見るには、一番適したやり方である。研究用にはこれが一番都合よいので、今まで私たちはこの方法で何千枚という顕微鏡写真をとって来た。そしてそれが一番よいということに、世界中でみとめられてきたわけである。

しかしこの写真のとり方では、結晶の表面の細かい凹凸はうつらない。結晶の構造が如何《いか》に精巧なものであるかを示す一番かんじんの点が、今までの写真ではわからなかったのである。それで何とかして雪の結晶の本当の美しさをそのままに浮き出させるような写真をとりたいと前から思っていた。黒いものの上に雪の結晶をのせて、上から光をあてて写真をとる方法だの、一部分の光を下からあて、残りの部分の光を上から反射させる方法だの、いろいろ試みたのであるが、どうしても顕微鏡でのぞいた時の結晶の生き生きとした美しさが出て来ない。もう二十年近くもやっている仕事なので、結局写真というものはこんな程度で満足するより仕方がないものと半ばあきらめて来たわけである。それに今までの写真でも、非常に美事《みごと》な写真だと、外国の学者たちにも褒《ほ》められていたので、それ以上の改良にあまり熱心でなかったこともある。

ところが、一昨年の夏、私がアメリカに行っていた間に、花島博士[4]が、偶然のことで、この口絵のような写真をとる方法を発見した。花島博士は、もう十五年近くも、私と一緒に雪の研究をしていたので、その間いろいろと、実験の方でも、また写真の方でも、改良を重ねて来た。それでも結局こういう妙案は、偶然の機会にしか出ないものらしい。ただその偶然の機会を巧《うま》く捕えて、それを「新しい方法」にまでもって行くかどうかが問題なのである。

この偶然というのは、映画を作っている間にぶつかったのである。私たちは十年前に初めて雪の結晶の映画[5]を作ったことがあるが、その頃はまだ人工雪の実験にはじめて成功した時で、雪が成長して行く経過を、顕微鏡で映画に撮影するというだけで、手一杯であった。とても画面の美的価値までは手がのびなかった。それでもこの映画に英語のアナウンスを入れて、アメリカの学会に出したら、何分《なにぶん》珍しいものなので、評判がよかった。終戦後、もう一度あの映画を作り直して、最初の時以来十年の間に進歩した実験技術をすっかり採り入れ、素晴しいものを一つ作ろうではないかというのが、私たちの教室の希望であった。

幸いアメリカの学界から、この目的のために、フィルムをたくさん貰《もら》えたので、終戦後二年目の年から、この新しい映画[6]を作りかかった。それがほとんど完成して、最後に低温室の中で人工雪のむつかしい結晶の撮影をしている時に、照明用のコンデンサー・レンズ[7]の調整をしていたら、ふいに結晶がぴかりと光って、凹凸が美事に浮き彫《ぼ》りのように見えたことがあった。それはコンデンサー・レンズの半分が手で一寸かくれた時であった。それでわかったのであるが、レンズの半分だけを使って、ごくわずかな斜めの照明をすると、こういう写真がとれるのである。もっともそれだけでは駄目で、フーコー[8]の影写真の原理をそれに付け加える必要がある。しかしその方は昔から知られている照明方法であり、私たちも前から使っていたのである。あとから考えてみれば、何でもないことであるが、この「斜め照明による影写真の方法」が見付かって、はじめて雪の結晶の構造がはっきりわかるようになった。

この写真は、大変評判がよくて、ロンドンの大英博物館《ブリテイツシユ・ミユゼアム》の鉱物部門の主任バニスター博士から、博物館に氷の結晶の標本として陳列したいから、引伸し写真を四、五枚送ってくれないかといって来た。早速《さっそく》送ってやったら、大変喜んで、すぐ陳列したという返事があった。なるほど雪の結晶もたしかに鉱物の一種である。とにかく日本の雪も大英博物館へはいれば、大いに世界的になったわけである。

（一九五一年　五一歳）

雪の話

一

この頃新聞を見ていて気の付いたことは、スキーと雪の記事がこの数年来急に増してきたことである。主なものはスキー地の広告のようであるが、その他に純粋に雪と冬の山とを讃《たた》えるような記事もかなり沢山《たくさん》あるように思われる。何でも東京では山の雑誌が十種ばかりも出されていて兎《と》に角《かく》そのどれもが刊行を継続されているし、雪の朝は郊外電車がスキー車を出すという噂《うわさ》さえきくほどである。誰かがいわれたように氷雪を思慕《しぼ》するというような心情が吾々《われわれ》のどこかに秘められていて、その一つの現われと見られる現象であるかも知れない。もっとも日本人が脂肪《しぼう》質を沢山喰《た》べ、毛織物を一般に用いるようになったためかとも考えられる。

札幌へきてから今年で五度目の冬(1)を迎えるのであるが、最初の冬は話に聞いていた北海道の寒さに気兼ねをして神妙に控《ひか》えていたが、案外凌《しの》ぎよいので内心安神《あんしん》した。広い埃《ほこり》っぽい道路が白いコンクリートで固められてかえっていい位に考えていたし、硼酸《ほうさん》の結晶のようにきらきら輝いた雪の上に、雪下駄《ゆきげた》の鋭くきしむ音も案外快く耳に響いた。ところが二度目の冬になって、これはやはり相当な寒さであると感じるようになった。最初の冬は寒さの感じ方に馴《な》れなかったためらしい。この二度目の冬を越すともう大丈夫で、そろそろ雪の研究でも始めようかという気になった。

丁度《ちょうど》その夏有名な亜米利加《アメリカ》のベントレイ(2)というアマチュア老人の雪の結晶アルバムが出版された。この人は五十年かかって四千種以上の雪の結晶の顕微鏡《けんびきょう》写真を撮ったという人で、その蒐集《しゅうしゅう》は気象学者などの間には前から有名であったが、それを見るには特別な専門雑誌によるより仕方がなく、それでもその蒐集のごく一部分の写真しか見ることが出来なかった。もっともこの写真は色々細工がしてあって、不完全な結晶は継ぎ足したり、また乾板上で目的とする結晶の縁に沿って膜面《まくめん》を切り取って、印画紙に焼くと黒地に白く結晶が焼き出されるようにしたりしてある。口やかましい独逸《ドイツ》の学者がこれに対して抗議を申し込んだのに対して、ベントレイが結晶の原形の写真から次々に修正をして美麗《びれい》な写真にする階段を示し、これは美的価値を高めるだけで、そのために科学的価値を損じてはいないという反駁《はんばく》文を亜米利加の気象の専門雑誌に載せているのはちょっと面白い。これはもう二十数年前のことである。

日本では有名な土井利位《どいとしつら》(3)の『雪華図説』が天保年間に刊行され、その中に虫目《むしめ》金《がね》で観察した八十六個の雪の結晶の摸写《もしゃ》がある。それらが実に見事な記録であって同年代の欧洲の学者達の摸写よりも優れていることはよく知られていることである。例えば北海道でもごく稀《ま》れにしか観測されない十二花の結晶の摸写の立派なものがちゃんとあるのにはちょっと驚かされた。その中に風車のように廻転《かいてん》性を示す結晶の摸写があるが、これは今までの世界各国の学者達の顕微鏡写真の蒐集にも見当らない珍しいものである。もしこれが実在するものであれば、雪華の生成の機構については勿論《もちろん》のこと、一般に結晶の習性《ハビット》の問題に関して非常に重大な手掛りを与えるものである。それで毎年心待ちにしてこの種の結晶を探しているが、残念ながらまだ見当らない。

この『雪華図説』がなかなか手に入らないので、この結晶の摸写の中の大部分が転載されている『北越雪譜』(4)でも欲しいと思っていた。ところがこの秋偶然それが見付かったので、早速《さっそく》教室の図書室で買って貰《もら》うことにした。これは全六巻あって、初めの方は雪の結晶の説明やら色々の雪の現象の観測談やらがあって大変都合がよいのであるが、後の方になると雪女の話とか雪国の民俗的行事の話とかになってどうも「科学」とは大分縁が遠いものになってしまう。仕舞《しまい》には天ぷらの語源まで出てくる始末で、これには少々閉口した。流石《さすが》に著者の鈴木牧之《ぼくし》も天ぷらが雪と関係の薄いことは認めて、初めてこれを売り出した天竺《てんじく》浪人が越後の藩の者なので「雪にゆかりあるものなれば之を記す」と断り書がしてある。昔の人は随分呑気《ずいぶんのんき》だったものと感心した。もっとも雪の結晶と天ぷらの語源とを学問の別の区分と考えるのは、現代の西洋風の学問ではと断る必要があるのかも知れない。

この例は少しひど過ぎるが、これ位の覚悟がなくては吾々の祖先の持っていた意識を理解することが出来ない位現在の吾々の物の考え方が変っているのではないかとも考えられる。

二

雪の結晶の良い顕微鏡写真を撮るには、気温が零度《れいど》以下になっている必要があることは勿論である。あらかじめ顕微鏡をよく冷しておいて、別に濡《ぬ》れないように冷しておいた硝子《ガラス》板に結晶を受けて、普通の顕微鏡写真を撮るようにして写せばよいのである。気温が零下《れいか》五度以下であると大分楽であるが、零度に近いような時はまごまごしていると肝心の結晶がとけたり、冷しておいた硝子板に一面に霜《しも》がついたりしてなかなか厄介《やっかい》になる。何よりも大切なことは、硝子板に載った沢山の結晶の中《うち》どれを撮るかを決める敏速な決断である。まず眼で見て、次に顕微鏡下で写真を撮る価値があるか否《いな》かを調べて、決断をして、暗函《あんばこ》をかぶせて、さてシャッターを切るまでの時間が、馴れてくれば二十秒位で出来るようになる。この間が五分位に感じられるようになれば大丈夫である。覗《のぞ》きながら、写真を撮るような便利な器械は、特に寒い所では故障が多くて駄目なように思われる。一冬にただ一度見るか見ない位の珍しい結晶の時に、得てそのような故障が起りやすいようである。

初めの年は廊下の吹きさらしの寒い所を選んで有り合せの顕微鏡で写真を撮ってみたのであるが、結果はなかなか面白かった。北海道は雪の結晶の種類には極めて恵まれているようで、わずか一冬の観測で、ごく特別のものを除いては今まで世界中で知られているほとんどすべての結晶の型が見られた。これに力を得て、次の冬は十勝《とかち》(5)岳の中腹にある白銀荘《はくぎんそう》という山小屋まで出掛けることにした。

この小屋は十勝の吹上《ふきあげ》温泉の近くで、約千メートル位の高度の所に在る。周囲は亭々《ていてい》たる蝦《え》夷《ぞ》松《まつ》と椴松《とどまつ》の林で、これらの樹がクリスマスの木のように雪に枝を垂れている間に混って、岳《だけ》樺《かんば》(6)と呼ばれている白樺《しらかば》の化けたような巨樹が、細い錯綜《さくそう》した枝を網を拡げたように空に向って伸している。これらの小枝も山小屋の下見もおよそ露出している固体の表面はことごとく樹氷に包まれて、わずかに露出している黒い樹幹を除いては周囲は全くの白銀の世界で、ただ晴れた日の青空のみが鮮かな濃い色彩を与えているような所である。晴れる日は極めて稀れで、冬半年の間降雪のない日とてはほとんどないようである。雪が降り出すと四辺は色彩を失ってしまって、全く写真を見るような世界になってしまう。もっともこれは一般の吾々のような色彩に対する訓練のない者についていうことで、洋画家ならばきっとこの世界のみに見られる特異な色彩の諧調《かいちょう》が感ぜられることであろうと思われる。もっとも柔かく積み重った新しい雪の中ヘストックを差し込んで穴を作ると、その内部がアクアマリンのような色を呈すること位は誰にも見られる現象である。この淡いながらに鮮かな色彩は札幌附近の雪にも見られないものである。これは多分積雪の中にも結晶がかなり完全な形に残っていて、非常に小さい結晶の面が沢山あるためによるものではないかと考えられる。

雪の結晶は驚くべく繊細《せんさい》な形をしていて、今までに見た写真のどれとも比較にならぬ位の美しさを見せていた。結晶の枝の先々までが、丁度開きかけた薔薇《ばら》の花弁の縁のような鮮明な輪《りん》廓《かく》を持っていた。これはこの小屋のある場所の周囲が、相当広い範囲にわたって、巧《うま》く風当りが強くないような地形になっているためらしい。

気温は案外高く、冬の真中でも普通最高零下十度最低二十度附近を往来している程度である、東京と比較してみても平均二十度以内の差であるが、それでも随分変ったことが多い。一番直接な例は、ここでは水はもはや液体ではなく、普通の条件では固体であると考えて生活しなければならぬことである。幸い小屋近くに良い湧水《わきみず》があって、それが例外として液体の水を供《きよう》給《きゆう》してくれるのである。雪の中でどのように転んでも土は常に六尺以上の地下にあって、衣服は汚れることもなければまた濡れるという心配もない。これは丁度普通の場所で土の上に転んでも地下の岩で傷つかぬと同じことである。

顕微鏡写真を撮るための固定した実験台を作るにも極めて簡単で、有り合せの木箱を適当な所に据えて、周囲に雪を積んで水を一杯掛けて置くと、十分も待てばコンクリートの台位の固定した台が出来る。その上に顕微鏡写真装置の台を載せて、また少量の雪と水とでこれに固着させる。このようにして百葉箱を立てるにも、雪取りの煙突を建てるにも仕事は極めて楽である。この雪と水とのコンクリートは多分、土木学者が現在考え得る一番理想的なものであろうと思われる。もし武蔵野の火山灰を原料として、これに一杯の液体を注ぎかけると立派なコンクリートになるならば、東京市の道路の鋪装《ほそう》などは極めて楽であろう。

生中夏《なまなか》になって雪が溶けてしまうので問題は面倒になるのであるが、この冬の状態のままが続くものならば、土木や建築に関する概念などは全く変ってしまうことであろう。エスキモーの生活などというものも、全く吾々の経験から飛び離れた生活ではないものということが分ったような気がする。

このような場所での生活を永く続けたならば、自然に対する概念は勿論のことであるが、いわゆる人間の内的生活というものもすっかり変ってしまうことであろうと思われる。現在の吾々の文化が、気温が二十度下ると全く別のものになるであろうということは、当然のことではあるが、目の当り見るとまた別の感興《かんきょう》が湧《わ》いてくるのである。

（一九三五年 三五歳）

雪の十勝《とかち》——雪の研究の生活

初めは慰《なぐさ》み半分に手をつけてみた雪の研究も、段々と深入りして、算《かぞ》えてみればもう十勝岳へは五回も出かけて行ったことになる。落付く場所は道庁のヒュッテ白銀荘《はくぎんそう》という小屋で、泥《でい》流《りゅう》コース(1)の近く、吹上《ふきあげ》温泉からは五丁(2)と距《へだ》たっていない所である。ここは丁度《ちょうど》十勝岳の中腹、森林地帯をそろそろ抜けようとするあたりであって、標高にして千六十メートル位はある所である。

雪の研究といっても、今までは主として顕微鏡《けんびきょう》写真を撮ることが仕事であって、そのためには、顕微鏡は勿論《もちろん》のこと、その写真装置から、現像用具一式、簡単な気象観測装置、それに携帯用の暗室などかなりの荷物を運ぶ必要があった。その外《ほか》に一行の食料品からお八《や》つの準備まで大体一回の滞在期間約十日分を持って行かねばならぬので、その方の準備もまた相当な騒ぎである。全部で百貫《かん》位のこれらの荷物を三、四台の馬橇《ばそり》にのせて五時間の雪道を揺られながら、白銀荘へ着くのはいつも日がとっぷり暮れてしまってからである。この雪の行程が一番の難関で、小屋へ着いてさえしまえば、もうすっかり馴染《なじみ》になっている番人のO老人夫妻がすっかり心得ていて何かと世話を焼いてくれるので、急に田舎《いなか》の親類の家へでも着いたような気になるのである。

この白銀荘は山小屋といっても、実は山林監視人であるO老人の家であって、普通には開放していないので、内部はなかなか立派に出来ている。階下が食堂兼居室で、普通の山小屋の体裁に真中《まんなか》に大きい薪《まき》ストーヴがあって、二階が寝室になっている。この小屋の附近は不思議と風当りが少いので、下のストーヴの暖かみに気を許して、寝室の毛布にくるまっていると、自分達にはこの小屋の二階がどこよりも安らかな眠りの場所である。着いた翌日はまず階下の部屋の一隅《ひとすみ》に蓆《むしろ》を敷いて隙間風を防ぎ、その上に携帯用暗幕を張って急造の暗室を作る。その中に器械を入れてきた木箱を適当に配置して現像装置だの、乾板の出し入れの用意などをととのえる。それから食卓を一つ借り切って、これはそのまま実験台とする。雪の結晶の撮影は小屋の入口の白樺《しらかば》造りのヴェランダで行うことにして、ここにも木箱を持ち出して実験台を作る。顕微鏡写真の撮影にはかなり丈夫なちゃんとした実験台が要《い》るのであるが、それには前にも書いたように雪のコンクリートという極めて重宝なものがある。木箱の周囲を雪で固めて、ばけつに一杯の水を流しかけると、五分も経《た》たぬ中《うち》にすっかり凍りついてしまって、立派なコンクリートの実験台が出来る。顕微鏡写真装置も同様にしてこの実験台の上にくっつけてしまうのである。

十勝岳のこの附近は、雪の結晶の研究にはまず申分《もうしぶん》のない所であろう。あるいは世界でも珍しい所ではないかという気もする。第一結晶が極めて美しく、繊細《せんさい》を極めたその枝の端々までが手の切れそうな鮮明な輪廓《りんかく》を持っていることである。自分達が白銀荘で見たような美しい結晶は世界中のどの観測者の写真にも見られないものであった。それから結晶の種類がまた極めて多い。普通に雪の結晶の代表と思われている六花状のあらゆる種類の結晶は勿論のこと、あまり知られていないところの樹枝状の結晶の枝が立体的に伸びているもの、それから稀《めず》らしいとされている角錐《かくすい》状の結晶、鼓《つづみ》型の結晶、それが数段になっている段々鼓型などの結晶が惜《お》し

段々鼓の側面

平面樹枝状の結晶

気もなく降ってくるのである。この二月には針状の結晶がそればかり三十分も続いてかなり激しい降雪となって降ってきたこともあった。それから全く世界中の今までの文献に知られていないと思われる側面結晶という不思議な雪も数回観測することが出来た。

今一つこの十勝岳の観測地点は気温も全く申分ない条件をそなえているのである。冬の真中で大体最低零下《れいか》十五度最高零下十度位のところを毎日規則正しく変化しているのであって、気温の変化が非常に少いために、観測者の身体が直《す》ぐそれに馴《な》れてしまって仕事が非常に楽なことである。普通に考えて零下十度というと、全く細かい研究などの出来ない寒さと思われるのであるが、ここでの体験によるとこれ位の寒さが雪の研究には丁度良い気温であることが分ったのである。

自分達は別に寒さに対して特に強いとは思われないにもかかわらず、不思議とこの白銀荘で四、五日仕事を続けていると、戸外に朝から夜の十二時近くまで立って仕事をしていても別に大した寒さを感じなくなるのである。勿論一時間おき位に室内へ入って、ストーヴで暖まっては出て行くのであるが、それにしても少し妙だと我ながら感心する。生中煖房《なまなかだんぼう》の設備などがないと身体の方が自然の方に適応して行くらしいのであるが、そのためには気温の変化が少いということが一つの有利な条件のように思われるのである。零下十度位になると、雪の結晶は全く安全で、どのように弄《いじく》っていても融《と》ける心配はないので、勝手に切ったり細工したりして調べることが出来る。一つの結晶を色々に引っ張ってこわしてみるという簡単な操作だけで、昨年の冬は二核から成る結晶の存在が確められて、従来多年の懸案《けんあん》となっていた三花や四花の結晶の成因がすらすらと解決出来てしまったのであるが、これもよく考えてみると、普通の地点では一番困難な実験であったのかも知れない。

雪は流石《さすが》に実によく降る。冬中いつ行ってみても、大抵《たいてい》毎日少しも降らないという日は滅多《めった》にない。朝起きると一面の青空で、朝日が白銀の世界を茜色《あかね》に染めているような日でも、夕方になると大抵は美事《みごと》な樹枝状の結晶が細雨のように音もなく降ってくる。このような時は大抵写真を撮るには最適の条件のことが多く、つい遅くまでもひきずられがちとなるのである。

朝目を覚まして青空が見えるような日には、一同大変な元気で早くから起き出してしまう。そして急にパンを切ったり、スキーに蠟《ろう》を塗《ぬ》ったりして山登りの準備にかかる。いつの間にか、天気がよくて雪の降らぬ日はふりこ沢のあたりまでスキーに乗って、積雪上の波型を見に出かけるということに決ってしまったのである。そして特に晴れた日にはそのまま十勝の頂上まで行程を伸ばしてしまうのである。それを楽しみにして特に助手を志願して出る学生も出てきて、大抵いつも十勝行《ゆき》に人手が足らなくて困るということはない。

O老人もよく一緒に行くことが多い。かんじき(3)を穿《は》かしたら誰もこの老人に敵《かな》うものはないが、スキーはまだ始めて二年にしかならぬというので、丁度良い同行者なのである。この老人は全く一生を雪の山の中で暮してきたという実に不思議な経歴の人である。この人の話などを聞いていると、雪の山で遭難《そうなん》をするというようなことは有り得ないという気がするのである。一昨年の冬にも犬の皮一枚と猟銃《りょうじゅう》と塩一升《しょう》(4)だけを身につけて、十二月から翌年の二月一杯にかけて、この十勝の連峯《れんぼう》から日高山脈(5)にかけた雪嶺《せつれい》の中を一人で歩き廻《まわ》ってきたというのである。この老人の話をきくと零下二十度の雪の中で二か月も寝ることが何でもないことのようなのである。もっともその詳しい話を聞き出して見て驚いたのであるが、この老人は吾々《われわれ》のちょっと及ばぬような練達《れんだつ》の科学者なのである。

雪の中で寝るのに一番大切なことは焚火《たきび》をすることであるそうである。それは極めてもっともな話であるが、厳冬の雪の山で焚火をするのは決して容易な業《わざ》ではない。ところがこの老人は三段のスロープの蔭《かげ》に自分達を連れて行って、何の雑作もなく雪の上で大きい焚火をして吾々を暖めて見せてくれたのであった。風の当らぬ所を選んでこれだけの焚火があったら、なるほど雪の中で寝ることも事実普通の生理学と少しも矛盾しないのである。鋸《のこぎり》と手斧《ておの》とマッチが食料品と同様に雪の山では必需品であることを実例で教えてくれたのはこの老人であった。

感心したことは、この老人は出来るだけ文明の利器を利用しようとつとめることであった。魔法瓶《びん》だの気圧計だのというものには特別の興味を持ち、かつそれを利用したがるのである。到頭《とうとう》その思いが一部叶《かな》って魔法瓶を買うことの出来た時の無邪気な喜びようには誰もが心を惹《ひ》かれた。気象の見方、保温の方法、器具の取扱い法、食料としての兎《うさぎ》の猟《と》り方から山草の料理法など、すべての事柄について、隅の隅まで行き届いた細かい注意が払われていることが、聞き出すごとに分ってきた。このように自分一人の体験で作り上げた科学の体系を持っていて初めて山の生活が安全に遂行されるのであろう。

今年も初霰《はつあられ》のたばしる音を聞くと、十勝の生活とこの老人のことが思い出される。結晶の研究にもまだ抜けた所が沢山《たくさん》ある。特に粉雪の結晶構造の研究にはまだ一冬はどうしてもかかる。その外にも昨年の冬から初めて手をつけてみたスキー滑走の物理学の完成にも十勝は最も良い聖場の一つである。まだまだ数年は冬ごとに十勝へ通わねばなるまい。クリスマスの木のようなあの十勝の樹達に会うことも、この老人からストーヴの周りで「カムチャッカ(6)へ歩いて行った話」を聞くことも皆楽しみの種である。

(一九三五年 三五歳)

雪を作る話

　これは本当に天然に見られるあの美麗繊細《びれいせんさい》極まる雪の結晶を実験室の中で人工で作る話である。零下《れいか》三十度の低温室の中で、六華の雪の結晶を作って顕微鏡《けんびきょう》で覗《のぞ》き暮す生活は、残暑の苦熱に悩まされる人々には羨《うらや》ましく思われることかも知れない。

　雪の結晶の研究を始めたのはもう五年も前の話であるが、有り合せの顕微鏡を廊下の吹き晒《さら》しの所へ持ち出して、初めて完全な結晶を覗いて見た時の印象はなかなか忘れ難いものである。水晶の針を集めたような実物の結晶の巧緻《こうち》さは、普通の教科書などに出ている顕微鏡写真とはまるで違った感じであった。冷徹無比の結晶母体、鋭い輪廓《りんかく》、その中に鏤《ちりば》められた変化無限の花模様、それらが全くの透明でなんらの濁《にご》りの色を含んでいないだけに、ちょっとその特殊の美しさは比喩《ひゆ》を見出すことが困難である。

その後毎日のように顕微鏡を覗いている中《うち》に、これほど美しいものが文字通り無数にあって、しかもほとんど誰の目にも止まらずに消えて行くのが勿体《もったい》ないような気がし出した。そして実験室の中でいつでもこのような結晶が出来たら、雪の成因の研究などという問題を離れても、随分《ずいぶん》楽しいことであろうと考えてみた。

いずれにしてもこの雪の結晶は、高層の極めて温度の低い所で水蒸気が凝結《ぎょうけつ》して出来るものには違いないのだから、その真似《まね》をすれば良いわけである。最初には銅板の円筒の長さ一メートル位のものを作ってそれを冷しておいて、上から水蒸気を吹き込んでみた。しかしそれ位のことではなかなか雪は降らない。最初の冬はそんなことを試みている中に明けてしまった。次の冬にはもっと小型の銅箱を作って、それを内部から液体空気で零下二十度位まで冷しておいて、その上に暖かい水蒸気を送ってみた。完全な六華の結晶は一応見切りをつけて、まず結晶のいくつかの枝をこの銅板の面から伸び出させようというつもりなのである。出来たものは、寒い朝硝子《ガラス》窓に凍りつく霜《しも》の花のようなものばかりで、空中に伸び出る結晶の枝はどうしても出来ない。その中に第二の冬もみるみる過ぎ去ってしまった。

こんな事をしている中に、やはり雪のようなものは天然にこそ全く無造作に出来るものであるが、人工的に作ることはなかなか困難な仕事であろうという気がしてきた。それには実験室内での失敗ということ以外に、その頃から行き始めた十勝《とかち》岳での体験も原因するのである。十勝岳の中腹で見られる雪の結晶は、札幌などで知られる結晶とはまた一段の精緻《せいち》さを見せているのであった。そしてその種類がまた実に多岐を極めていて、夢にも思い掛けなかったような不思議な形の結晶がいくらでも降ってくるようなこともあった。

水晶の結晶のような六角の柱などは勿論《もちろん》のこと、北極探検の際初めて発見されたというピラミッド型のものも再三見られた。時にはこれらの角柱の両端に六華の花が咲いて鼓《つづみ》のような形になったもの、それが段々に重って昔の複葉飛行機のような形をしたものなどが全山を埋め尽くすようなことも稀《ま》れではなかった。こんな結晶を見暮していると、いつの間にか自然の神秘に圧倒されてしまって、こんな物を人工的に作ろうとする企《くわだ》てすら、何だか自然に対する冒瀆《ぼうとく》のような気がしてくるのであった。

第三年目の冬も惰性《だせい》的に前の年の実験を繰返していた。その中にふと気が付いて、冷い銅板の面を上に逆さに置いて、その下に水を入れた器を置いてみた。水蒸気はその水面から蒸発して自然の対流で上方へ昇って銅板の面に凝結するのである。こうしてみると銅板の面からちらちらと白い粉が降り出した。顕微鏡で見ると、ちゃんと雪の結晶の片割れに似たものになっている。こんなことがどうしてもっと早く気がつかなかったのか。水蒸気を適当に、かつ結晶の隅々まで行き渡らすには自然対流を用いるのが一番良いことは考えて見れば何でもないことであった。自然の場合だって天は上に、地は下にと決っている。しかし下の物を上にしたり横のものを縦にしたりすることが、案外むつかしい場合のあるのは何も物理の研究と限ったものでもない。

四年目の冬は、前年の実験ですっかり元気を取戻して、同じような実験を進めて行ったのであるが、どうも今一息というところで自然の雪の結晶のような美しいものにはならない。それも考えてみれば当然なのであって、自然の場合には空気が冷えていて、結晶熱は対流と輻射《ふくしゃ》(1)で取り去られて結晶が生長するのである。それをするには室全体を冷くするのが一番簡単である。天には銅板はないということに気が付くのにまた一年かかった次第である。それで問題は全く最初に返って、天然の雪の結晶の出来るとおりに真似をすれば良いという極めて平凡な結論に達したのである。

丁度《ちょうど》今年の春から私の今勤めている北大に零下五十度まで下る低温室が出来た。その中で水蒸気の自然対流を適当に案配《あんばい》して結晶を作ってみると、わけなく天然のものに負けないような綺麗《きれい》な雪の結晶の片割れが出来たのである。片割れというのは、結晶を金属か木の面に凝結させて作るので、本当の雪の結晶の六本の枝の中二本か三本かが出来るのである。結晶形を論ずるだけなら枝が二本か三本あれば良いはずであるが、どうも六花の天然の結晶にそっくりの物を作らないと何だか気が済まぬような気もする。それで極めて細い毛の先にこの結晶を発達させることを助手のS君に頼んでおいた。

二、三日して「果して雪が出来ました」というS君の案内に急いで低温室の中へ入ってみると、なるほど兎《うさぎ》の毛の先に六花の結晶が白く光っている。そっと取り出して顕微鏡で覗いてみると、この出来立ての雪は天然の雪よりも一層の見事さである。

ここまで来ると、後の仕事は極めて順調に運ぶのである。水の温度を色々に変えて、水蒸気の供給《きょうきゅう》を加減すると、それぞれに決った形の結晶が得られる。例えば水蒸気が多いと羽毛《うもう》状に発達した繊細な結晶になり、中ほど位にすると綺麗な角板になる。そして思い切って水蒸気の供給を減らすと、極めて徐々に角柱状やピラミッド型の結晶が生長する。六角板の端々《はしばし》に羽毛状の枝の付いた結晶が天然にはよく見られるのであるが、このような結晶を作るにはまず初めに角板を作っておいて、それから急に水温を高めてその端々に羽毛状の枝を付けて行けば良い。

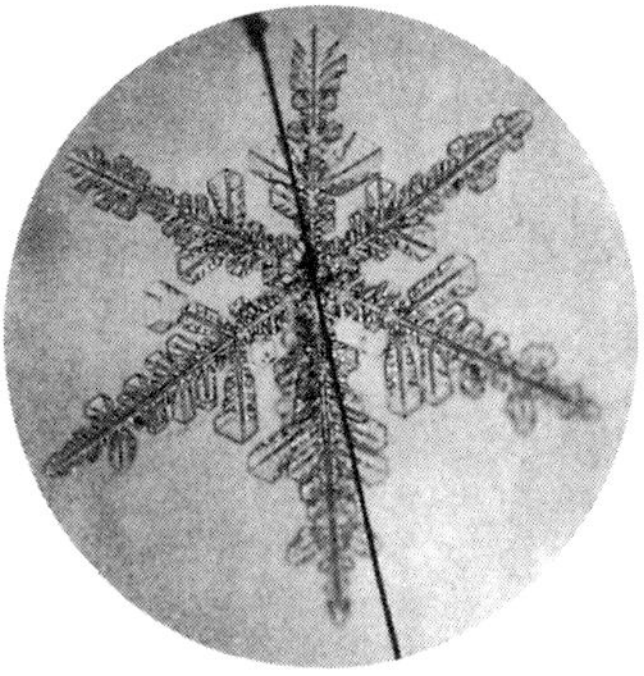
人工雪

鼓型の結晶などが巧《うま》く出来たりすると、薄暗い低温室の中で凍った指先に白い息を吹きかけながら、思わずにやりとすることもある。面白いことにはこうして出来る結晶は大抵《たいてい》天然の雪と同じ位の大きさのものである。一つ手の掌《ひら》位の大きさの雪を作って見たいと思うがなかなか出来ない。

この仕事で一つ困ることは健康の問題である。外の気温が高くなると、いくら毛皮の防寒服に身を固めていても、五十度以上の急激な気温の変化に始終遭《あ》っていてはどうもいけないようである。自分は真先に降参してしまって、後は若い元気な助手や学生の人達に任してしまった。

この仕事は面白いことは実に面白いが、只《ただ》一つ涼し過ぎるのが欠点であるなどと、八月の真中に友人に話して羨しがらせているが、実はそうやさしい実験でもないのである。

（一九三六年 三六歳）

雪後記

今年の冬は、二度十勝岳《とかち》へ行った。

そしてそれは、私にとっては、誠に待望の十勝行の再挙(1)が遂《つい》に成ったものであった。冬の十勝行ももう旧《ふる》い話で、実のところ、今ではもはや私たちの仲間の雪の研究の生活の中では、何も事新しい話ではない。しかし私自身にとっては、あの五年前の冬の十勝行が名残りとなってしまっていたのである。というのは、その後ずっと健康に恵まれなかった私には、再びあの十勝の雪に埋れながら顕微鏡《けんびきょう》を覗《のぞ》き暮す生活が巡り来ようとは思われなかったからである。

四冬にかけて、冬毎《ごと》に遠く十勝の雪を思い見る日が続いた。そして暖かい伊豆のいで湯に浸《ひた》りながら漸《ようや》くに貯《たくわ》えた乏《とぼ》しい生命を、少しずつ小出しに出して、時々札幌へ帰って来ては、思い出の雪の結晶の様々を、低温室の中で人工的に作って見るという生活を続けていた。そういう暢気《のんき》なようで、しかも心の底に何か切迫したところのある生活にも到頭《とうとう》別れる日が来た。そしてすっかり健康を恢復《かいふく》した私は、暮のうちからもう今度の十勝行の再挙について、本当に晴れやかな気持で心準備をするようになっていた。

今年の二月一日の朝は、例年になく寒い朝であった。

前夜旭川で泊った私たちの一行が上富良野《かみふらの》の駅へ下りたのは、まだ朝の七時前であった。北国の真冬のこととて、勿論《もちろん》まだ陽は出ていなかった。しかし珍しく晴れ渡った空は一面に、高緯度の土地に特有な青磁色に淡く輝いていた。そして大地の上を低く、あるか無きかの靄《もや》がひっそりと蔽《おお》っていた。こういう厳寒の夜に低くたれこめる靄は、地上のすべてのものを凍《こお》らしてしまうような靄である。

あとで聞いた話であるが、この朝は零下《れいか》二十七度まで下ったということである。出迎えの村役場の助役さんとも五年振りの邂逅《かいこう》であった。暫《しばら》く挨拶《あいさつ》をかわしているうちにも、もう鼻の中が冷え切って、冷い空気がそのまま胸の中まで浸《し》み通るような気がした。それでみんなで大急ぎに身仕度をして、すっかり防寒服につつまれて、馬橇《ばそり》の上に三人ずつ行儀よく丸く納まることにした。

ちょうど達磨《だるま》を三つ並べたような恰好《かっこう》で、馬橇は走り出した。まだ明け切らぬ夜が、馬橇のまわりにつきまとって、雪の原野が遠くまで銀鼠《ぎんねず》色にひろがっていた。軽い興奮と、まだ幾分残っているかすかな健康上の不安とがあった。私はじっと馬橇の上にうずくまって、澄み切った氷のような空気を息を細めてそっと呼吸しながら、陽の出るのを待っていた。心づくしの湯たんぽが、脚の下からほのかな暖かみを送ってくれるが、上半身の方はだんだん冷えて来る。そしてすっかり村をはずれた頃には、もう寒気が防寒服の厚い地をとおして、肩や上膊《じょうはく》のあたりをちくちく刺すように感ぜられて来た。こういう場合には、熱の放散という言葉よりも、寒気が針のようにつきささって来るという方が適切なのであって、本当にそれは針のように感ぜられるのである。

こういう場合には、流石《さすが》に誰も口はきかない。幸い強い馬にあたったので、行程ははかどるようである。馬はもうすっかり汗ばんで、全身から上る湯気がすぐ凍って、毛先に白い霜《しも》となってついて行く。

軽い脳貧血のように、少しうつらうつらとして来た頃、待ちかねた太陽が、ぱっと十勝連峯《れんぽう》の山際を離れた。そして見る見る周囲が茜《あかね》色に染って来た。すると、すぐ眼の前の大気の中にちかちかと金剛石《ダイヤモンド》の粉を撒《ま》いたように、氷晶が光っているのに気がついた。

この氷晶は、北満(2)などでは、厳冬のうち晴れた朝には時々見られるという話を聞いていたのであるが、私が北海道で見たのは今度が初めてである。すっかり眼が覚めたような気持になって、私はすぐ眼の前を静かに揺れて行くこれ等《ら》の無数の光点の流れに見入っていた。遠い大気の上層、夏ならば巻雲《けんうん》の浮んでいる大空で、水蒸気が氷結して出来る最初の姿、いわば雪の結晶の生れたばかりの形とも言うべきものが、この氷晶なのである。大きさといえば百分の一ミリにも足らぬこれ等の結晶にも、色々の形がある筈《はず》である。低温室の中で、幾度も幾度も作って見た雪の結晶の初期状態の中には、それ等の美しい様々の形があった。縫針《ぬいばり》の先にも足らぬ小さい六角板、六角の角錐《かくすい》、小人の国の水晶の結晶ともいうべきものなど、低温室の中で色々に作って見た時のことを考えながら、私は今すぐ前の大気の中に輝いている氷晶の光点の中に、それ等の姿を思い見ていた。

今度の十勝行の目的の一つには、この氷晶から、だんだんに雪の結晶が発達して行く経過を、実際に天然の雪について、確めて見たいということもあった。低温室内での雪の結晶の人工製作にも、もう四年の月日をかけた。今では私たちのいわゆる一般分類で十八種に分けている複雑を極めた雪の結晶のすべての型も、どうやら実験室の中で作ることが出来るようになった。

この雪の結晶の人工製作の中で、一番面白いのは、結晶が出来かけた最初の姿、即《すなわ》ち氷晶の状態から、結晶がだんだんに成長して、遂に吾々《われわれ》が地上で観測する姿までに発達して行く様子が見られることである。色々に条件を変えてやると、生れたばかりの雪の結晶は、どのようにも成育の形を変えて行く筈である。そして大抵《たいてい》の型の結晶は、そのようにして出来るのであるが、或《あ》る種のものは、どうも初期の状態で既《すで》にその後の発達の模様が決められるらしく、例えば美しい羊歯《しだ》状の六花の結晶などは、初めから小角板か極微の鼓《つづみ》に生れついていないものからは、なかなか作れないようであった。逆にそういう素質の良い卵は、その後の成育条件が悪いと、妙にひねくれた形になってしまうようである。生れたばかりの雪の結晶に、そのような個性があろうとは夢にも考えていなかっただけに、天然の場合について、大空遠く雪の生れるあたりでの結晶の姿を何とかして見たいという衝動に、この一二年は駆《か》られて来たのである。

雪の降る中を飛行機で飛んでもらうことはまだ当分は出来ないし、気象観測用の大きい凧《たこ》を揚げることも、今のところでは望みがうすい。気球に小さいラヂオの発振器をつけて飛ばし、その発信波長が気象状態の変化によってかわるのを地上で受信して、上層の気象状態を推測するという方法があるので、そういう気球も大分飛ばせてみた。しかし確かなところは何も分らなくて、むなしく一年の仕事を棒にふったのも、つい昨年のことである。

そのうちに思いついたのが、今度の十勝行の再挙である。行きつけた白銀荘の小屋は、僅《わず》か三千五百尺の高度に過ぎないが、それでも一ヶ月も待っていたら、ちょうど運よく巧《うま》い気象配置に遭遇《そうぐう》して、あの小屋を囲《めぐ》る美しい椴松《とどまつ》の梢《こずえ》あたりを、初期状態の雪の結晶が流れとぶ日があるかも知れないというのである。そういう旅の門出を、今、朝日に輝いた氷晶の乱舞に迎えられて、一行の心が急に晴れやいで来たのも無理はない。

氷晶は間もなく姿を消したが、二月の直射する陽の光はもうかなり強い。塵《ちり》の名残りさえ無い空は紺碧《こんぺき》に澄んで、雪原はまばゆく照り映《は》えている。黒地の防寒服は、太陽の輻射《ふくしゃ》熱を心ゆくばかり吸って、身体は暖かく、そして空気は冷い。幾度もの十勝行で、今度ほど恵まれたことはなかった。一行の若い人たちは、時々馬橇からとび降りて、雪原のかなたに聳《そび》える十勝連峯の写真を撮るのに忙しい。心なしか今日は十勝の噴煙も高々と立っているようである。幾分私の身体のことも気づかって同行して来てくれた友人の一人は、「こんな日が又来ようとは思わなかっただろうね」としみじみと言ってくれた。

今度の計画は、一ケ月間十勝にステーションを置いて、教室の人たちが代る代るにやって来て、その間中《あいだじゅう》雪の結晶の連続観測をしようというのである。それで従来したような自炊《じすい》は少し無理なので、八丁ばかり手前にある吹上温泉に泊っていて、白銀荘へ通うことにした。白銀荘は昔のままの姿であった。ただ番人のO老人がいなくなって、今度の番人の若い夫婦が、小屋の裏に出来た新しい小さい家に、住んでいた。O老人の頃は、そんな家はまだ出来ていなくて、O老人とそのお神《かみ》さんとは、終日台所の竈《かまど》の前で、小さい丸太の切端に腰蒲団《こしぶとん》を敷いて腰を下《おろ》していた。O老人は雪の山に生れて、生涯を雪に埋れて育って来たような男であった。聞けばお神さんが何度も流産をするので、山を下りて、今では何処《どこ》かで土工のような仕事をしているそうであるが、山の男が山を離れた生活は惨《みじ》めなものだという話であった。十勝の名物であったあの老人は、雪の山に出ると、零下二十度の尾根で雪の中に寝るのも平気らしかった。しかし子供が欲しいばかりに山を下りて、やがては北海道の奥地の名も知れぬ土地に、その姿を消して行こうとしているのであった。

今度の番人には子供があった。周囲の景色には何の変ったところもなくて、枝もたわわに雪に埋れた高い椴松も、樹氷につつまれた枝を空にかざしている岳樺《だけかんば》の姿も、昔のままである。ただ時折訪れる啄木鳥《きつつき》の声の外《ほか》には、何の物音もなかった世界に、幼い子供の呼声が一つ加わると、何だか急に山が開けたという感じがするのが不思議であった。

もう馴《な》れたことなので、山小屋の中を簡単な実験室に模様変えする仕事も、白樺《しらかば》のベランダに顕微鏡写真の撮影設備をするようなことも手順よく運んだ。物置にあずけておいた昔の木箱類を持ち出して見ると、顕微鏡を置く位置につけておいた目印まで、そのままに残っているのがなつかしかった。

仕事は非常に順調に進んだ。

着いた翌日には、もう待望の氷晶がちらちらと降るという思いがけぬ好機に巡り合った。渇《かつ》えた人が水を飲むような思いで、つぎつぎと硝子《ガラス》板を空にかざしては、顕微鏡の下へ持って行った。普通の雪の結晶の場合は、硝子板にのった結晶の形が大体肉眼で見えるのであるが、今度の場合は余りに小さいので流石に見当がつかない。それだけに、顕微鏡の視野の中で、つぎつぎと結晶を探して行く時の心の張りには今迄《まで》に知らない味わいがあった。驚いたことには、これ等の氷晶の中には、ちゃんと角錐だの、砲弾型だの、微小角板だのという、低温室の中でもうすっかり親しくなっている結晶の様々の形が見られたのである。考えて見れば、これで私たちの作った雪も矢張《やは》り本当の雪だったということにもなるので、満足の感じが強く来そうなものであるのに、実際には唯嬉《ただうれ》しく、そしてなつかしい者に巡り合った時の喜びの方が先立った。

運よく氷晶は案外永《なが》く降り続いた。そのうちに気象条件が少しずつ変って行くらしく、氷晶の結晶形も順次変って行った。寒さのことなどはすっかり忘れてしまって、夢中になって顕微鏡写真を撮りつづけていたら、そのうちに大変な結晶が降って来た。それはコップ型と、今一つ妙な名前ではあるが、屏風《びょうぶ》型とでも言うべきものとである。

コップ型というのは、六角形の洋酒盃《はい》のような形をした結晶で、霜の結晶にはこの種のものがあることは前から知られていた。ウェーゲナー教授(3)がグリーンランドの氷河の裂罅《クレバス》(4)の底で見付けたこの種の結晶の写真は有名である。ところでこのコップ型の極めて小さいものが、人工結晶の初期状態には時々得られたのであるが、まさかそんなものが天から降って来ようとは思っていなかった。ところがそれが矢張り実際に天然の氷晶の中にあったのである。そんな結晶が顕微鏡の視野の中にひょっくり出て来た時には、どきんとするのも無理はなかった。その感じは、少年の頃魚刺《やす》をもって海の底に潜りながら魚を探しているうちに、不意に岩穴の奥に大きい魚を見付けた時の気持に似ていた。永らく忘れていたこういう鋭い喜びに再び会うことが出来たのも嬉しかった。

屏風型というのも、これにも増して不思議な結晶である。六角柱の側面だけが薄く発達して、それが一方の辺で六角の螺旋《らせん》形に巻き込んだもので、いわば屏風を六角形に巻き込んだような結晶である。これも霜の方では分っている結晶で、セリグマン氏の本(5)にも、ヒマラヤで発見したというこの種の結晶のスケッチが載っているし、低温室の中でも数回は作った経験がある。今度の十勝行再挙では、この結晶は唯一つしか写真に撮れなかったが、とにかく天然の雪の初期状態にも屏風があることだけは確められた。何だかぼんやり夢想したものが全部見付かるというのも少し変なようであるが、考えて見れば当然なのである。低温室の中で色々と条件を変えて、不思議な形の結晶を作ったとはいうものの、人間の考えることくらいは、天然が司《つかさど》っている複雑な自然現象の中に含まれていない筈はなかったのである。低温室の中で屏風型の結晶が出来たというのも、何も天然にないような極度の低温を用いたわけではないので、丁度《ちょうど》その実験の時と同じような気象状態にも、何時《いっ》かは遭遇するのは当然なのである。

そういえば、私たちの人工雪の実験では、時々失敗をするのであるが、天然の雪の方でも時々同じような失敗があることが分ったことも、大変愉快《ゆかい》だった。論文に発表する時には、巧

く出来上った結晶の写真だけを選ぶのであるが、本当のところは、今でもまだ可成《かな》り失敗がある
ので、折角《せっかく》成長しかけた結晶が途中でひねくれてしまって、どうにも分類のしようが無い汚い形のものになってしまうことがある。そういう結晶かどうかも分らない変梃《へんてこ》なものは、失敗ということにして、又やり直していたのである。

ところが、そういう気持になって、天然の雪をよく見ていると、その変梃なものが矢張り在《あ》るのである。そういう不規則なものが一つ見付かると、つぎつぎと同種のものが出て来て、しかも失敗の色々な段階のものまでが矢張り天然にもちゃんとあるので、大いに安心した。快心の失敗作が見付かった時などは、思わず声が出る。「一寸《ちょっと》覗いて見給《みたま》え、又失敗してるぜ」と言うと、助手のH君は、顕微鏡を覗き込みながら、如何《いか》にも嬉しそうににこりと笑うのである。低温室内の苦労を思えば、憎いひねくれ結晶ではあるが、こうして自然もまた同じように失敗をしている姿を見ると、此の憎まれ小僧にも又一《ひと》しおの愛情が感ぜられて来る。まあこれで、「人工雪の失敗について」という論文も大威張りで書けることになったので、大変気が楽になった。

そう言えば、こんな失敗の結晶を今まで見落していたのは、考えて見れば恥《はずか》しいことである。雪の研究を始めた当初から、天然の現象の複雑さには充分の警戒をして来たつもりであった。特に外国でも従来のこの方面の研究が、正規の美しい結晶の研究に偏していたことを度々《たびたび》口にもしていたのである。そして畸形《きけい》の結晶や、立体的な汚い結晶までも立派に一人前の結晶として取り挙げて、一般分類のようなものまでも試みて来た。三冬にわたって、札幌と十勝岳とで撮った顕微鏡写真も三千枚近くに達し、もう天然の雪もすっかり見つくしたと思っていたのに、少し新しい眼を用意して一度十勝へ来て見ると、もうこの始末である。人間の眼などを余り信用するものではない。

氷晶の写真が運よく早く撮れたので、私はひとまず先に帰ることにした。夕方まで仕事をして、六時頃に唯《ただ》一人で馬橇にのって山を下った。

羊歯状の模範的な美しい大きい結晶が燦々《さんさん》と降っていた。その中を馬も人も黙って道を急いだ。見る見るうちに、防寒服の上にも、帽子の上にも水鳥の胸毛のような雪がつもって行った。月のない夜ではあったが、雪明りで道だけはほのかに見えた。そして原始林の木だちが黒く押し黙って立ち並んでいる中へ、馬橇の鈴の音が吸われるように消えて行った。馬は悧好《りこう》なもので、家路につくと、足並も速い。

山を出て、十勝の原野にかかると、急に風が強くなる。横なぐりに吹きつける雪をさけようと、頭を垂れてちぢこまっているが、時々眼をあげると、二三軒取り残されたように在る百姓家の障子が、石油洋灯《ランプ》の灯にほの明るく照らされていることもあった。文明からも、拓殖《たくしよく》計画(6)からさえも、取り残されたかの如く見えるこれ等の人々にも、洋灯の下での団欒《だんらん》くらいは許されても良いであろう。しかしそれだけの石油さえも、この頃はなかなか手に入らないという山の宿で聞いた話がふと思い出された。

私が札幌へ帰って色々と雑用に悩まされている間にも、十勝からはどんどん写真が撮れているというしらせが来た。そして交代で帰って来た人たちが持ち帰った写真を見ると、予期以上に好運な日に、その後も度々遭遇したらしいことが分って嬉しかった。

例えば鼓型の結晶の成因をはっきりと示している一系の写真なども、一つの美事《みごと》な収穫であった。鼓型というのは、六角柱の両底面に六花の結晶がついたものであるが、これを低温室の中で作る時には、先《ま》ず六角柱の氷晶を作っておいて、それをそのまま成長させる。そして或る程度の大きさになったら、急に六花の条件にしてやる。すると底面に段々花が咲いて来るのである。

ところが、或る日の十勝で、六角柱や砲弾が盛んに降ったことがあった。それでその写真を連続的に撮っていたら、やがてそれ等の結晶の底面が少し伸び出た結晶にかわった。そのうちに底面の伸び出た部分が角板になった結晶が降って来たので、成る程人工雪で知った通りだなと思っていたら、最後に鼓が降ったので、大いに愉快だったという話なのである。こういう現象も、ちょうどこの種の雪を降らすべき空気の塊《かたま》りが、麓《ふもと》からだんだん昇って来て、観測点をすぎて空の方へ上って行ったか、或《あるい》はそれと同等な時間的の気象変化があったとすれば、説明は簡単に出来る。要するに、人工雪も矢張り雪であった。低温室の片隅においてある簡単な硝子管の中でも、大自然の理法は、その中に吹雪《ふぶき》の天空を再現してくれることもある。これも天の恵みの一つであろう。

観測は芽出度《めでた》く一ヶ月間続いた。途中菓子が切れて困ったという飛報があったくらいで、外に大した故障も起らなかった。菓子の話は冗談ではないので、毎朝早く弁当のパンを持って白銀荘へ出かけ、夕食に一寸宿に帰るだけで、夜は雪の次第では、夜中の十二時過ぎまでも、零下十五度のところに立ちつくすこともある。そういう場合、菓子は立派に弾薬の一種なのである。

愈々《いよいよ》引き上げという前になって、私は今一度十勝へ上った。もう三月の声をきくのも間もないこととて、流石に寒さはずっと軟《やわら》いでいた。

ちょうど着いた日に、大形の美事な樹枝状結晶が盛んに降っていた。この結晶についても実は知りたいことが一つあった。今まで雪の結晶の代表的なものとされていたので、ベントレイの蒐集《しゅうしゅう》などでは、殆《ほと》んどこの型だけを集めてあると言ってよいくらいのものである。それでいて、肝心な点が分っていなかったことにこの頃になって気がついた。

この結晶は六花の平面結晶であるから、六角柱の底面内に発達したものである。そうすると、氷晶の時代に六角柱の骸晶、いわば鼓の一種であったものの一底面が伸び出たと考えるのが一番自然であろう。もしそういう経過で出来たものならば、中心部に初めの骸晶があって、全体を横から見ると、ちょうど鉄道のマークの工の字形に見える筈である。実際低温室内で作った樹枝状結晶の多くのものは、その通りになっているのである。それで天然の雪についても、上からと横からと撮った一組の写真が沢山《たくさん》欲しいので、一ケ月の観測の間に、機会ある毎に撮ることにしてあった。

ところが鼓や立体の結晶とちがって、この厚さが百分の一ミリ程度の薄い繊細《せんさい》を極めた結晶を、顕微鏡下に立てるのは随分厄介《ずいぶんやっかい》で、なかなか良い写真は撮れなかった。私も五年前の習練を思い出すべく、木片の端をちぎってささくれを作り、その先に結晶を吊《つる》して、その結晶の一端を硝子面に唾《つば》の小滴で垂直に凍りつかせようと大わらわであった。初めのうちはどうも勝手が悪かったが、そのうちにやっと筋肉が昔のこつを思い出してくれたようであった。H君と二人で、顕微鏡を二台並べて、その前で各々が硝子板に載った雪の結晶を、木片のささくれで吊し上げようとそれぞれ懸命《けんめい》になっている姿は、余所《よそ》から見たら少々滑稽《こっけい》なことだったろうと思う。

どうも調子が出ないので、気が付いたことは、昔はマッチの軸木の頭を折ったものを使っていたのである。剣橋《ケンブリッジ》の大学では、マッチと封蠟《ふうろう》とさえあれば、物理学の第一線を行く研究が出来ると威張った時代もあったが、マッチの棒くらい便利なものは少いようである。美事な結晶が来たので、すぐ上からの写真を撮って、さてこれだけは何とかして巧く立てようとあせったが、なかなか思うようには行かない。つい大声で「H君、マッチ」と呼んだら、H君が慌《あわ》てでライターを渡してくれたが、これではどうにもしようが無い。とんだところでマッチ飢饉《ききん》に祟《たた》られたものである。

その写真もどうにか撮れた。まあ今度の十勝行も一ヶ月の時日をかけただけのことはあった。そして今更のように、自然というものは、いくら見ても見つくせるものではないという感慨を深めて、芽出度く引き上げることにした。

すっかり器械を荷造りして二台の馬橇に積み込み、顕微鏡と乾板とは、私が大切にかかえて、今一台の馬橇に乗った。若い人たちはスキーをはいて一気に山を下ろうというのである。麓の中茶屋まで、スキーで行けば十五分で達するとかいう意気込みであった。

山を出たら、又十勝の原野の烈風に遭《あ》った。三月の大きい雪片が水平に飛び、名も知らぬ冬木立が鋭い音を立てていた。スキーの連中は、馬橇に縄をつけて、それにつかまって滑って来る。この馬スキーは余程愉快らしく、眼もあけられない吹雪を真正面に受けながらも、何か大きい笑い声を立てている。

馬が寒風に苦しんで頭を振ると、鬣《たてがみ》は乱れて空に向って逆立つ。怒髪《どはつ》天を突くというような形のその鬣の動きを前に見、若い人たちの笑い声が風でとばされて行くのを後に聞きながら、私は馬橇の上でひとりこれから帰って現像すべき乾板を大切にかかえていた。

（一九四〇年 四〇歳）

大雪山二題

一　大雪山の雪

昭和二十二年の秋の話である。

その頃私は、資源関係の或《あ》る会の委員をしていて、日本の水資源の調査を一部やることになっていた。敗戦後の日本に残された資源のうちで一番大きいものは水であるから、これは少し真面目にやってみる必要がある。というので、柄《がら》にないことを始めたわけである。

ところで水資源のうちで、一番大きいものは、日本では、まず雪であるということに気がついた。これは我田引雪《がでんいんせつ》の話ではなく、日本が世界的に見ても、非常に雪の多い国であることは、小学校の生徒でも皆知っている。それから雪が解けると水になることも、改めていうと叱《しか》られるくらい明白なことである。それで日本の国で水資源を論ずるとしたら、雪を真先にとりあげるべきである。

ところが日本には、昔から妙な習慣があって、雪というと、必ず害という字をつけないと、気がすまないことになっている。雪害対策、雪害防止委員会、白魔《はくま》などと、雪はひどくきらわれものになっていた。しかしこれは日本だけの話であって、外国ではその反対のように取扱われている場合が多い。

例えばアメリカで、この頃流行の綜合《そうごう》開発というのは、冬の間に高山地帯に積った雪が、春さきになって解けて川へ流れ出る、その水をダムによって貯《たくわ》えておいて、それで発電をし、且《か》つ年間を通じて平均にこの水を、水道や灌漑《かんがい》に利用しようというのが、その主眼である。スイスでも、最近のことであるが、アルプス全山に積った雪の雪解け水を利用して、大発電事業を起そうといって、調査が始められている。

それで世界の雪の本場である日本でも、もうそろそろ雪害意識から脱却してもよい頃である。一体、日本アルプスに積っている雪が何兆トンあるか、大体のことでもいいから見当をつけてみろといっても、誰も一言も答えられないのだから、誠に妙である。山にある雪は、とけて水になって流れ落ちる時に、あれだけの雪を山頂まで持ち上げるのと同量の勢力《エネルギー》を出してくれる。この勢力は水力電気として使うのが一番有利なのであるが、それはたいへんな電力にかわるのである。白《はく》がいがい《〔皚皚〕》の連山などと、詩情を喜ばせていてはいけないので、あれは全部お札《さつ》が積んであるようなものである。日本の国の一番の財産であるのに、その勘定《かんじょう》を今まで一度もしたことがなく、春になるとほとんど全部ただで海へ流してしまっていたわけである。

それで手始めとして、北海道の石狩《いしかり》川[1]の水源地帯である、大雪山[2]に白羽の矢を立てて、そこでこの雪量測定をすることにした。もっとも大雪山全体では、あまりにもことが大きくなるので、上流地域におけるその支流の一つ、忠別《ちゅうべつ》川を選定し、その水源地帯に積っている雪の全量を測ってみることにした。そしていろいろ計画を立ててみると、どうしても、全地域の航空写真が必要であるという結論に達した。全地域をいくら克明《こくめい》に調べて廻《まわ》っても、けっきょく線の上の話であって、面上に分布している雪の姿を、すっかり見ることは、到底《とうてい》出来ない。おまけにこの地域は一般スキー家はもちろんのこと、熊狩りの猟師《りょうし》も行けないという恐ろしい場所が、大部分の面積を占めている。それで地上測定は、もちろん出来るだけやるが、一方航空写真をとって貰《もら》って、それと比較検討して、全貌《ぜんぼう》をとらえようということに話がきまった。

地上測定の方は、当時北大の私たちの教室にいた菅谷重二博士(3)が受けもつことになったが、航空写真の方は、総司令部へ頼むより仕方がない。それで天然資源局へ出かけて行って、こういう航空写真をとって貰えないかと頼んでみた。すると初めはひどく叱られた。終戦後二年しか経っていなかった頃だから、とんでもないことを言って来る奴がいたものだと思ったのであろう。もっとも理由なく叱られたのではなく、航空写真というものは、非常に面倒なもので、大型の飛行機を使い、写真測量機の調整にも何週間とかかるものである。そう簡単に頼みに来る筋合のものではないのだと、たしなめられた次第である。

考えてみれば、チャムス(4)の大学の満人教師が、関東軍司令部へ出かけて行って、日本軍の飛行機を使わせてくれと頼んだようなものだから、叱られるくらいですめば、まだ大いに有難かったわけである。おまけに時期も悪かった。二合三勺《じゃく》の配給すら欠配がちで、さつまいものつるを食ってる最中に、大雪山の雪の目方を測る話をもち込んだのだから、先方も少しあきれたにちがいない。しかし調査の目的と方法とを詳《くわ》しく説明して、アメリカでも将来こういう調査を必要とする場合があるかもしれないから、そのモデル調査として、この機会に一度日本でやってみられたら如何《いかが》でしょうと、図々《ずうずう》しく頼んでみた。そうしたらいろいろ詳しい計画をきいてくれて、「よろしい、承知した。公式ルートで依頼の書類を出せ」と、あっさり承知してくれた。やはり文明人の方が、話が分り易《やす》くていい。

それで公式の書類を出して貰っておいて、さっさと札幌へ帰り、地上調査の方にとりかかった。ところが何時《いつ》まで経っても、何とも通知がない。あんなことを言っても、初めから話が無理だったのだとあきらめて、それでもやりかかった地上調査の方だけは進めておいた。

ところが、六月になって総司令部から、突然大きい小包が届いた。開けてみたら、美事《みごと》な航空写真が一杯はいっている。二十五センチ角くらいの大きい写真が、五百枚近く届いたのである。百六十枚で全流域をおおうのであるが、それが三組はいっている。積雪最盛期と、半分解けた時期と、ほとんど解けた頃と、希望どおり三回の撮影をしてくれたのである。これには全く唖然《あぜん》とし、且つ感謝した。

写真は実に美事にとれていた。虫眼鏡《むしめがね》で覗《のぞ》いてみると、雪の状態はもちろんのこと、一本一本の立木まではっきり写っている。雪庇《せっぴ》の出来工合、岩山の痩《やせ》尾根で、雪が風で吹きとばされ岩肌の露出した様子、山ひだの細かい姿など、手にとるように分るので、文明の利器というものは、実に便利なものだと感心した。それ以来暇があると、この写真を取り出して、虫眼鏡で雪山の姿に見とれる癖《くせ》がついてしまった。虫眼鏡の視野の中で、一人でコースを選定しながら、眼を移して行くとまるでスキーで、自分がこの処女雪の秘境を、自在に滑《すべ》り廻っているような錯覚《さっかく》に陥《おちい》ることが多かった。

恐ろしい雪庇が、尾根に沿って、ずっとのび出ている。とてもここは降りられない。探して行くうちに、辛うじて降り口が見つかる。その下は軟《やわらか》い粉雪が膝《ひざ》を没するくらいふんわりと積っている。スロープはかなり急であるが、この雪ならば、直滑降だって出来そうである。全身をかくすほどの猛烈な雪煙を立てながら滑降して行くと、間もなく樹林地帯にはいる。岳樺《だけかんば》らしい闊葉樹《かつようじゅ》(5)の大木が、すくすくと立ち並んでいる。スラローム(6)を描きながら、この立木の間を縫《ぬ》って、どこまでも滑って行く。ところどころちょっとした崖《がけ》がある。おっと、ジャンプ・クリスチャニア(7)。二十メートルも崖に沿って歩くと、また道が開けている。あと十分も滑降すれば、忠別上流の奥忠別である。水はまだほとんど出ていないので、流れは細い絹糸《きぬいと》のように、黒くうねうねと広い河原《かわら》の中を曲って流れている。こういう奥地へ行くと、私はいつも登りはスキーに海豹《あざらし》(8)をつけて登るのであるが、降《くだ》りはスキーを脱いで、両手に引きずりながら、直歩降をすることにしている。その方がけっきょく速いからである。そして急斜面が過ぎたら、スキーをはいて滑走に移るわけである。しかし航空写真の上では、どんな急斜面でも、自由自在に滑り廻ることが出来る。スキーの醍醐味《だいごみ》は、この写真をもらってから、初めて味わったといっていいかもしれない。

もっともこの航空写真は、私の幻想用に役立っただけではない。この写真のおかげで、初めて大雪山の忠別流域に積っている雪が、一億九千万トンあることが知られたのである。この想像を絶する多量の雪は、春になると、雪解け出水として、よく田畑を荒し、最後は日本海へ空しく流れ去っている。電力源として使われているのも、この全量のほんの一部に過ぎない。大雪山の雪を電力にかえ、更に灌漑と工業用水とに使っただけでも北海道の生産即《すなわ》ち国の生産は、一挙に上昇し、北海道民の生活程度は飛躍的に上ることであろう。又これは本州の雪国地帯にも同様にあてはまることである。せっかく総司令部の特別の好意で、その基礎の調査は、少くも一部分はとっくに完成しているのであるが、こういう資料を活用しようという気風が、現在の日本には、ほとんどないようである。しかし雪は今後とも永久に降るのだから、やがてはこういう研究が生きる日も来るであろう。

（一九五二年 五二歳）

二 大雪山の夜

さっきからだいぶ風が出て来たらしく、雪の洞穴《ほらあな》の入口に垂れた幕が、ばたばたとはためいている。しかし実験が巧《うま》く行っているので、それもあまり気にならない。

大雪山の頂上をすぐ目の前に見るこの凹《くぼ》みの土地は、周囲に亭々《ていてい》たるえぞ松の林をひかえ、風当りはさほどひどくないところである。雪は二丈近くもつもっている。人界からは何十里、土の露出している土地からは何百里、とへだたっているので、見渡す限り、全く汚れのない、純白そのものの雪である。いくら掘っても、塵《ちり》一つない真白な雪である。その雪の中に、六畳間くらいの穴を掘って、天井も雪でおおう。そしてその中へ、山小屋から電灯線を引き込むと、それで立派な低温の研究室が出来る。

この雪で作った研究室の中で、さっきからもう大分長い間、顕微鏡《けんびきょう》を覗いている。もう夜はだいぶ更《ふ》けたらしい。昼でも物声の聞えない土地ではあるが、やはり夜が更けると、何となく、しんしんと四辺が静まりかえって来る。人界から離れ、音から離れた土地にも、夜の沈黙があるというのは、如何《いか》にも不思議である。しかしそれは現実にある。えぞ松の梢《こずえ》を渡る風の音、入口の幕のばたばたと鳴る音、それ等《ら》は静かさを破るものではなく、沈黙をひとしお強調するものである。

全然音のない世界には、静かさも、また無いのであろう。放送局の防音室の中にあるものは、静かさではなく、音の死骸《しがい》なのである。中国の古い詩人は、一鳥啼《な》いて山さらに静かなり(9)とうたったが、漱石《そうせき》先生はもっと巧くこの境地を表現して居《お》られる。「ほろほろと山吹散るや滝の音」の句は、私が最も愛好する句の一つであり、いかにもよく深山の静寂さをとらえている。

雪はしんしんと降っている。今が書き入れ時である。大空はるか高いところで、雪の結晶が最初に誕生する時、何か芯《しん》になるものが無ければならない。その芯については、今までのところいろな学説が出されているが、まだ本当にそれを捕えた人はない。それは顕微鏡でも見分けられないような小さなものであるが、幸いにこの頃は電子顕微鏡が発達したので、巧くやればその本体が見つかる見込みが十分ある。助手のK君がこの電子顕微鏡のエキスパートなので、わざわざこの山奥までその標本をとりに来たところである。

アメリカでは、シェファー博士たちが、人工降雪の研究に没頭し、近いうちに、地球上の気象を人間の力で支配しようという夢を抱いている。その夢の一部を担当する仕事が、これなのである。人間の力で雪が降らせたら、雨ももちろん降らせることが出来る。南太平洋のあの広《こう》茫《ぼう》たる海原の中で、颱風《たいふう》の芽が萌《も》え出して来る。その時刻を巧くとらえて、人工降雨術をほどこせば、颱風の原動力は、赤児《あかご》のうちに、雨となって消えてしまう。日本国の住民の半ば以上を占める農家の人たちは、一年間の辛苦を重ね、すべての望みを秋の取入れにかけている。それが一度の颱風で消しとぶばかりでなく、父から祖父から譲《ゆず》られた大切な田圃《たんぼ》が、ひとときの間に押し流されてしまう。あの恐ろしい颱風も、そのうちに、人間の力で征服することが出来る日が来るかもしれない。

真夏でも、六七千メートルの上空では、気温はいつも零度《れいど》以下になっている。地球上の気象を支配する要素は、そういう高空にあるのだから、大雪山の雪の洞穴での実験は、即ち南太平洋の上空での研究なのである。人工降雪、ひいては人工降雨という、二十世紀の魔術は、この雪の結晶の芯の問題が明らかにならなければ、その実用化は望めない。洞穴の実験室の外では、望みどおりの雪が盛んに降っている。この機会を逸すると、又次の理想的な雪の日までには、何日待たなければならないかもしれない。或《あるい》はこの冬の間には、又という機会はないかもしれない。

風はさらに強くなって、梢を渡るその音が、夜更けとともに、ひとしお強められて来る。電灯は消してあるので、顕微鏡の照明用のラムプの光だけが、わずかに洩《も》れて、雪の壁がほの白く光っている。このうす暗い雪洞の中で梢の風音にじっと耳を傾けていると、ダーウィンの『ビーグル号周遊記』の中の一つの場面がふと心に浮かんで来る。ところは南米の海岸である。原始林が海岸近くまで迫っていて、その中には、無数の鳥獣と昆虫とが、夜をとおしてあらゆる騒音を立てている。暗い海の上に碇泊《ていはく》しているビーグル号の甲板の上で、ダーウィンは、深夜ただ一人この遥かなる騒音に耳を傾ける。人界からは遠く隔絶した世界である。ダーウィンは、この世界を「最も逆説的な騒音と沈黙との調和（The most paradoxical harmony of noise and silence）」という言葉で表現している。

入口の幕がはためいて、一陣の風とともに、粉雪がさっと吹き込んで来る。台の上にも、装置の上にも水晶の粉のような雪が、薄絹を張ったように、一面にほの白く散らされる。こう風が強くなっては、結晶は降って来る間にこわされてしまうので、実験材料にはならない。もう寝た方がよさそうである。身体もすっかり冷え切ったようだから。

（一九五一年 五一歳）

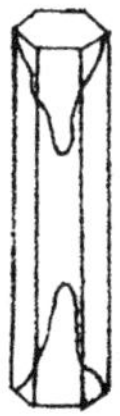

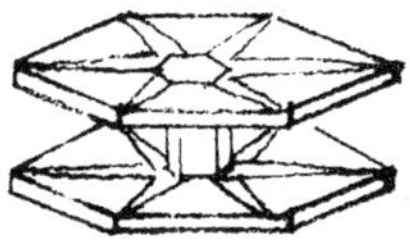

天地創造の話

天地創造の話というと、たいへん大袈裟《おおげさ》なことになるが、一昨年即《すなわ》ち昭和十九年の夏から、北海道の片隅で、そういう異変が現実に起きているのである。

今まで鉄道が通り畑が耕されていたただの平地であった所が、毎日二十センチくらいの速さで隆起して来て、人家や道路が、何時《いつ》の間にか丘の上に持ち上げられてしまった。そのうちに噴火が起きて、そこに突如として、四〇五メートルもの高さの火山が現出したのである。その火山は今もなお盛んに鳴動しながら、噴煙を吐いている。

そういう大異変、恐らく世界的に言っても非常に珍しい天地の変動が、現に我が国の一地点で、実際に起きつつあったのである。しかし人々は目前の戦況に心を奪われ、一日何合の米に気をとられていて、そういうことには注意を払う暇がなかったようである。

もっともそれには官憲側の取締りもあったので、この異変はその勃発《ぼっぱつ》当初以来終戦の時までは、報道が禁止されていたのである。禁止の理由は分らないが、人心の不安を考慮したものであろう。もっとも地盤の隆起によって、灌漑《かんがい》水路が断ち切られ、何百町歩とかの水田が駄目になってしまったというような実害もあったのであるが、それよりも何となく不吉な前兆のように思われたからであろう。

この異変の起きた場所は、有珠《うす》山(1)の東に当る壮瞥《そうべつ》村(2)であって、倶知安《くっちゃん》から洞爺《とうや》湖の方へ抜ける支線鉄道(3)の壮瞥駅から半里くらいの所である。昭和十八年の年末頃から、この地方だけに頻々《ひんぴん》として地震が起り、それが一日百回くらいにも達した。また有珠山が噴火するのかもしれないというので、年末押し迫って、何十台とかのトラックを総動員して、洞爺湖温泉の人たちを、急遽《きゅうきょ》避難させたという噂《うわさ》が伝わって来た。

十八年の暮といえば、アッツの玉砕(4)に引きつづいて、南太平洋の諸島で次々と玉砕が報ぜられ、戦局の大勢《たいせい》を示す陰鬱《いんうつ》な暗雲が、知らず知らずのうちに人々の頭上に感ぜられていた頃である。そういう時に、この群発地震に引きつづいて、明けて十九年の一月早々から、鉄道線路附近に盛んに地割れが始まり、そろそろと土地が隆起して来たのである。余り芽出度《めでた》い話ではない。

土地の隆起は、二月も引きつづき進行し、三月に入ってからは、ますます著《いちじる》しくなって来た。灌漑水路は遮断され、鉄道は隆起地帯を逃げる為《ため》に、路線を度々《たびたび》変更して、近くを流れている長流川《おさるがわ》(5)の岸まで押しつけられた恰好《かっこう》になってしまった。その頃はもう二十メートル近くも隆起があって、福富博士(6)の報告にある面白い例では、附近の某氏宅から以前は南方に遠く噴火湾(7)を望み得たのに、眼の前に丘が盛り上って来て、その眺望がきかなくなってしまったという。その反対に、以前は坂下にあって見えなかった人家がせり上って来て、眼前に現われたのである。正《まさ》に異変である。遥か地の底に眠っていた、真赤に熔《と》けた岩漿《がんしょう》が、そろそろ目を覚して、起き出して来たのである。更に面白いことには、この地変は一地点に止らず、最大隆起の場所が、活動の初期に較《くら》べて、漸次《ぜんじ》北の方へ進行して行ったのである。だいぶ地表近くまで押し上って来た熔岩《ようがん》の大蛇が、少しばかり身をくねらせたのであろう。考えてみれば恐ろしい話である。

しかしそういう土地の上にも、なお住民たちは案外不安な顔もしないで住んでいた。

この間我が国の地球物理学者たちは、戦争に直接関係ある研究に動員されながらも、時を盗んで度々現地の調査をして、一応はこの異変の全貌《ぜんぼう》をとらえたのであった。三月から四月にかけて、水上博士の一行が、精密な水準測量によって、地盤の上昇速度を測り、地震観測と地磁気観測とを行なった。その報告によれば、四月に入ってからは、実川、永田両君が地形の変動を詳《くわ》しく調査している。その後、鉄道側で五月一日に測量した結果では、異変以前よりも二十四メートルも隆起した所があった。この隆起は一月初めから始まったと考えられ、また各種の観測を綜《そう》合《ごう》した結果、ほぼ一様な速度で上昇したと見られるので、一日に二十センチの割合で、この間隆起が続いていたことになる。その値は水上博士等《ら》の測量とも大体一致するのであるが、昨日の測量と今日の測量とで、高さが二十センチも狂って来るということは、たいへんなことである。

北大では地球物理の福富教授と地質の石川教授(8)とが、四月末頃から度々調査をして、その観測は今日まで続いている。この地変はその年、即ち昭和十九年の六月二十三日の爆発に到《いた》って、その序曲を閉じ、引き続いての噴火によっていよいよ本格的な大異変に展開して行ったのである。

何時までも続く薄気味悪いこの土地の盛り上り。それに縦横に走る地割れ。そのうちには福富教授の調査によると全長六百メートル幅二十五メートル、落差五メートルという恐ろしい地割れまでがあったそうである。これだけの異変が地表に起るには、地下によほど恐ろしい力の犇《ひしめ》きがあるにちがいない。しかしそれが噴火となって爆発するか、この程度で落着くかという見透《とお》しはなかなか困難である。

地貌の変化が著しいこと、その進行が長期間にわたることから見れば、相当の大勢力のものであるにはちがいない。しかし考えようによっては、これだけの大変化として勢力の一部が発散してしまったのだから、案外この程度でおさまるかもしれない。そういう期待をするには、参考となる前例がある。それは明治四十三年の有珠の噴火であって、その時は今回の場合ほどではないが、やはり異変が起ったので、その前兆を捉《とら》えて、時の室蘭警察署長飯田氏が、非常手段をもって附近一万五千の住民に強制立退を命じて、災害を未然に防いだことがある。今回はその時よりももっと大規模な異変がもう六ヶ月も続いているのであって、噴火が起きるものならば、もうとっくに起きてしまっているであろうという観測である。

この根拠の無い希望的期待は、簡単に破れてしまって、六月二十三日の朝、遂《つい》に爆発が起り、噴煙を開始したのである。地点は有珠火山の山腹を繞《めぐ》る突起山塊《さんかい》の一つ、松本山の南方程近《ほどちか》い所である。松本山は標高二三九メートルで、周囲のいくつかの山塊の中では、目立って突出していた山であるが、この新火山はみるみるうちに隆起して行って、間もなく松本山を眼下に見るまでに生長したのである。

最初の爆発から新火山の生成にかけて、始終そのスケッチと記事とをとって、千載一遇《せんざいいちぐう》の貴重な記録を残した人がある。これは壮瞥村の郵便局長三松氏であった。その記録によってわれわれは、この世紀の大事件の過程を、居ながらにして知ることが出来るのである。この爆発の報道は、数行ばかりの記事として、新聞の片隅に出ていたが、その時期がたまたま今次の大戦の決定的段階を画したサイパンの陥落[9]と相前後していたために、狂躁《きょうそう》的興奮の渦に巻かれていた国民の中に、それに一瞥を与えた人は殆《ほとん》ど無かったであろう。しかし三松氏はその後も相継ぐ国民的悲報の連続の中で、克明《こくめい》にこの記録をとり続けたのである。

第何回目の爆発であったか忘れたが、爆発の写真を撮るべく苦心を重ねていた福富教授が、遂にその撮影に成功して、その貴重な写真を持って来られたことがある。「ちょうど運がよろしかったのでしてね。噴火口の一五〇メートル近くくらいまで行った時に、この爆発が起ったんです。慌《あわ》てて写真を撮ったんですが、もうその時にはこんな大きい石がばらばら落ちて来ますもので。さあもうリュックも何も放り出して逃げて参りました」ということであった。自分で持って来た写真に、自分で見惚《みほ》れている同君の顔には、つい先頃テニヤンの悲劇[10]で令弟を喪《うしな》った嘆《なげ》きの陰も見られなかった。

六月二十七日の第二回の爆発の時には、火口の出来た平地はもう六十メートルほども隆起していた。そして最初の泥流が押し出されて来て、下の沢を埋めてしまった。この泥流は有珠火山の噴火には何時も伴《とも》なうものである。噴火湾と洞爺湖との間に挟まれたこの地帯では、地の底に豊富な水分の存在が想像され、それが噴火と同時に押し出されるのであろうとされている。

七月に入って、活動はますます激しくなって来た。山は地の底から生い出るように、どんどん隆起して来る。噴火口附近は濛気《もうき》に(11)こめられて、山容も明らかには見られない。時々爆発の地響《じひびき》と、地震とも思えぬ振動の連続、それに地鳴りとに脅される日がずっと続いた。爆発毎《ごと》に噴火に特有な塔状積雲が、濛気につつまれた山上に高く立ち昇り、夜などはその中に赤く火柱が立つ。降灰の範囲は漸次拡がって、洞爺湖畔から徳舜瞥《とくしゅんべつ》(12)に及び、数千町歩の畑地が三センチ以上も灰をかぶって、作物は全滅。見渡す限り灰一色で、緑の面影も無いという景色に変ってしまった。

周囲の山の立木はもちろん全滅。全山緑であった松本山は一挙にして熱灰の山となり、七月七日の報告で既《すで》に「松本山は丸坊主となり低く」とあるところをみると、新火山は非常な勢いで盛り上って行ったらしい。

その後も隆起は依然として止まず、一日一メートルくらい、火口附近は数メートルという勢いで生い立って行った。そして冬を越して、昭和二十年の春を迎えた頃は、昨年まで畑であったところに、周囲二キロ、高さ四〇五メートルの火山が聳《そび》え立ち、真中に突立った立派な円頂丘《ドーム》からは、盛んに噴煙を見るという奇蹟《きせき》の山が現出したのである。

一生のうちに再び見ることの出来ないであろうこの大異変を眼前にしながら、私は一日一日を引きずられるような姿で、戦時研究に没頭させられ、二日の暇を割《さ》くことが出来なかった。というよりもそれだけの気力が出ないほど疲れていたのであろう。ところがその夏に、幸いこの新火山の近くの飛行場で、或《あ》る研究をすることになったのを機会に、一日を潰《つぶ》して全教室員で見に行くことにした。案内は福富教授である。各人それぞれ自慢のカメラや寒暖計などを持ち出して、たいへんな意気込みで乗り込むことになった。

洞爺湖温泉で一泊した一行は、翌朝速く立って湖畔に沿い、明治四十三年に出来た新山の麓《ふもと》を通って、西湖畔へ出た。此処《ここ》まではところどころに降灰の痕跡《こんせき》を見る程度にすぎなかったが、一歩西湖畔から折れて山地に向うと、途端に一望唯《ただ》灰一色の死の山野の風景が展《ひら》けて来た。そしてその景色の奥に、新しい火山が濛々《もうもう》たる白煙を噴いて聳えている姿に接したのである。

この有珠山の東麓地帯も、普通に北海道によく見られる広漠たる平野で、極めてなだらかな起伏のある美しい沃野《よくや》である。昨年までは一面の緑の畑に牧草地が続き、ところどころに白い牛が放たれていたのであろう。それが今は全く熱灰の下に埋められ、一望沙漠《さばく》のような何物も無い景色に変っている。わずかに残骸を示す立木も白く枯れて、半ば折れ摧《くだ》かれている。正面の新火山の右に、松本山が丸坊主になって小さく見える。これもこの附近では目立って高い山であったのが、まるで今度の山の瘤《こぶ》くらいな恰好である。左手には、ずっとなだらかな丘陵地帯が続いているが、それも全山灰の下になって、滑らかな砂丘のような姿である。暫《しばら》く歩いて行くうちに、黒い洋服の布地の上に、白い粉がいつの間にか溜《たま》っている。今日は風向きが悪いので、こっちへ灰が来るらしい。立ち止ると、火山の地鳴りがごうごうと、遠い海鳴りのように聞えて来た。

　歩きにくい灰の上を難行しながら、新火山の麓近くまで行く。近づくにしたがって、鳴動はだんだん大きくなって来る。降灰層の厚みは、二メートルを越えるところもある。降水の浸《しん》蝕《しょく》のために、到るところに原始の川が出来ている。この種の「土」に特有な性質として、両岸が垂直に切り立って、落雁《らくがん》を割ったような形になっている。北支の奥、ゴビの沙漠[13]の黄土地帯を流れる川の原型が、到るところに見られるのである。

　地割れといった方が適当なこの原始の川については、構造よりもその形の方が私にはもっと心が惹《ひ》かれた。左手にある砂丘のような滑らかな丘陵の腹に、この原始の川が何本も並んでいる。山肌のわずかばかりの凹《くぼ》みを水が流れ、一度水が流れるとますます溝が深くなるので、その流路は固定される。そういう流路が沢山《たくさん》沢に向って集り、一本の幹となって流れ下る。それ等の流路が、一草の遮《さえぎ》るもののないこの原始の山肌の上では、ちょうど地図の上で見る川の形そのままに見られるのである。山はただ一面の灰に蔽《おお》われ、生ける者のしるしもない。灰色一色の山肌の上に、両岸の切り立ったこの原始の川が、強い鉄線を曲げたような形に、黒く力強い線となって刻み込まれている。天地創造の世界で、川が誕生する時の姿を想像するには、これ以上の巧《うま》い景色は無いであろう。

熱灰の下の松本山は、悲惨な景色である。なまじっか唐松の林に蔽われていたばかりに、無《む》慚《ざん》にも摧かれたその残骸が、灰にまみれているのが傷ましい姿に見える。不思議なのは、松本山の右手に続く山の唐松が、皆根本に近いところからへし折られたような形に倒れていることである。こういう例は前にも一度あったとかいうことで、何か重いガスが非常な勢いで噴出されたためではないかと、想像している人もあるそうである。そういうことは実験室の物理学ではちょっと考えられないが、そうかといって外《ほか》にちょっと説明のしようもない。天地創造の世界で起る現象は、そう簡単に説明されないのが当然なのかもしれない。

もうだいぶ山が落着いているので、円頂丘にはとても登れないが、外輪山壁までは行けそうである。そこまで行けば、円頂丘の割れ目から中の熔岩が見えるはずだがということで、私たちはまず松本山へ登った。その頂上から新火山の外輪山壁へは、比較的安全に登れるということである。この出来たばかりの火山は、私たちの見ている眼の前でも、盛んに岩が崩れ落ちているので、とてもまともには近寄れないのである。

松本山の頂上附近は、深い地割れが一面にはいっている。全山を蔽った厚い降灰層が、その後の基盤地形の変化によって、散々に割られたのである。今にも全山が崩壊しそうな気がする。薄気味悪い思いをしながら、深い地割れをまたいで登って行く。いよいよ新火山にとりつくと、地鳴りはますます激しくなる。ごうごうと全山が身を震わせて鳴っているようである。何だか本統《ほんとう》にその振動が脚下に響いて来るようである。

外輪山壁にとりついて、噴煙の円頂丘《ドーム》に面と向った時に、景色がまるで一変したという感じを受けた。熱灰の下の山野は死の世界であるが、この今大地の底から押し上って来た岩山は、スタイン(14)の言葉を借りれば、それは生を知らぬ世界である。まず眼を見張るのは、その多彩なる色彩である。一遽《いっきょ》に四〇五メートルも押し上げられた地殻は、その表土をかなぐり棄《す》てて、地下の岩盤をあらわに露出している。今まで地熱とガスとに焼かれていたその岩盤は、縦横に打ち割られて、一メートルから二メートルくらいの岩塊の集りとなって、危く山の形を保っている。百万年の間地下に秘められ、今新しく初めて陽光を見る岩の色は、極めて鮮《あざや》かである。それは人界にある色とはちがった美しさである。分析の結果から言えば鉄分が多いためといわれるかもしれないが、この岩の基調の色は、紫を含んだ代赭《たいしゃ》(15)に似ている。

岩の割れ目からは、かすかに蒸気が漏《も》れている。そういう割れ目の端は、特に鮮明な多彩の色に縁どられ、濃い紫と輝く黄色と鶏冠石《けいかんせき》(16)の朱とに飾られて、螺鈿《らでん》をちりばめたように妖《あや》しく美しい。黄は硫黄《いおう》の結晶であろう。朱の色は砒素《ひそ》の蒸気によって本統に鶏冠石が生まれて来ているのかもしれない。そういえば、孔雀石《くじやくいし》(17)の青緑を思わす鮮かな色彩も雑《まじ》っている。手を触れてみると、岩はまだ熱い。

この妖しく美しい岩石の原を前景として、濛気の隙間から、紫色に黒く円頂丘の大岩塊が、すぐ眼の前に見上げるばかりに聳えている。真白い噴煙が、その円頂丘の脚下から頂上まで、到るところから非常な勢いで吹き出されて、この大岩塊をつつんでいる。地を轟《とどろ》かして響く鳴動は、しばしの休みもない。噴煙が左右に揺れる隙間から、時々岩の割れ目が見える。双眼鏡を眼にあてたまま待っていると、噴煙の靡《なび》く隙に、その割れ目が黒く浮き出して来る。割れ目の奥は暗く、その底に真紅の熔岩が光って見える。その火の色を見ていると、何だか自分が現実に地球の奥を覗《のぞ》いているような気持になる。普通の活火山で熔岩を見ても、こういう気持はあまり起らない。つい近くまで大地の底にあった物が、今眼の前に現出したという、地球の力を如実に示すこの新火山にして初めて感ぜられる気持なのであろう。

この如実に示された地球の力に幻惑《げんわく》されたことも一つの理由であろうが、今眼の前に見るこの山の姿は、誠に美と力との象徴である。その美は人界に無い妖しい光につつまれている。その力にも闘争や苦悩の色が微塵《みじん》もなく、それはただ純粋なる力の顕現《けんげん》である。こういう美と力との世界は、生を知らぬ世界であり、人の心に天地創造の夢をもたらす世界である。

風向きが変って、灰が真白に降って来た。煙もこちらへ靡いて来るようである。私たちは慌てて山を下りた。ふり返ってみると、山腹に沿って時々岩塊がころげ落ち、それにつれて土砂と火山灰との山崩れが起り、濛々と土煙を立てていた。あの麓までころげ落ちた岩塊には、もうさっきの色の美しさは消えていることであろう。

地球物理学の立場から言えば、今度の新火山も、やはり有珠火山活動の一例で、それほど珍しがることもないかもしれない。もっとも有珠火山そのものが、世界的に珍しい火山なので、その意味では稀有《けう》な現象と言って差支えない。しかし有珠では既に明治四十三年の噴火に際し、洞爺湖畔に新山が隆起し、百日の間に一五五メートルの高さとなって、現在の山が出来ている例もある。

この有珠火山では、岩漿が火口まで昇って来る前に、熔岩柱の頭が固化し、それが下方のまだ熔けている岩漿で押し上げられて、円頂丘《ドーム》となって盛り上って来るという特徴がある。円頂丘が出来ると火口を塞ぐので、岩漿の新しい活動は、時として山腹部の抵抗の弱いところへ向い、新しい山を隆起させて、今度のような新火山を造る。その熔岩柱が地上まで噴出せず、地下に潜在円頂丘として止《とどま》る場合は、明治四十三年の新山の場合のように、山の隆起だけに止ることになる。

こういう説明をきけば、今度の新火山の現出も、何も天地創造の夢までもち出すほどの事件ではないかもしれない。しかしそういう説明をきいても、あの美と力との不思議な世界の魅力は少しも減じない。私にはアルプスの成因の学説よりも、今度の火山の姿の方がもっと心に残るのである。

すべての原始民族が、それぞれ自分の天地創造の伝説を持っていることを思えば、こういう夢も許されることであろう。

（一九四六年 四六歳）

附記

本文にもちょっと書いた北大理学部地質学教室の石川教授の好意によって、この新山の出来た経過を示す図を一枚加えた。この図はこれも本文にちょっと書いた壮瞥村郵便局長三松氏の観測に基づいたものである。隆起前の地表面を太線で現わし、昭和十九年五月二十五日から昭

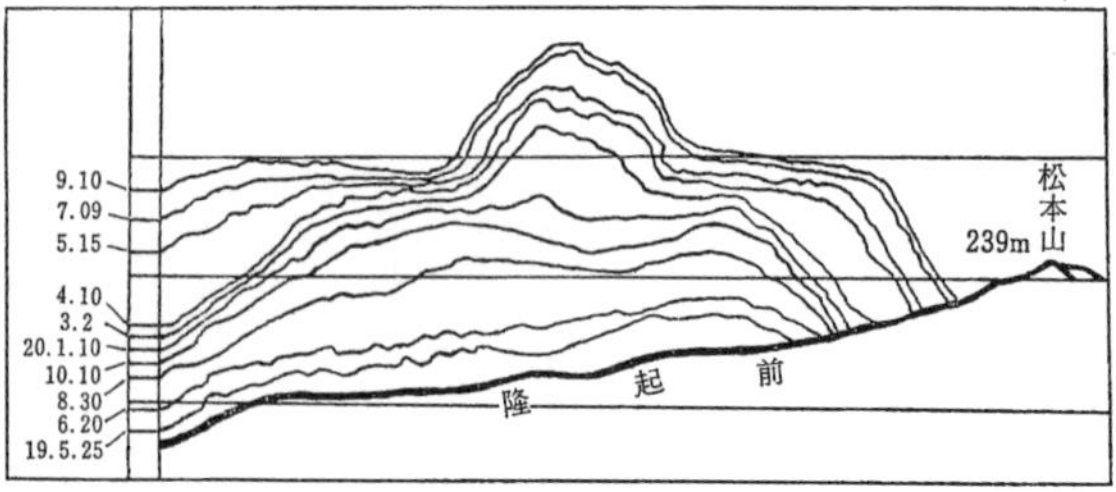

和二十年九月十日までの新山の外郭《がいかく》線の変化を八期に分けて描いてある。昭和二十年九月以後は殆ど著しい上昇を示さないので略してある。

最初の爆発は昭和十九年六月二十三日に起ったので、下から二番目の線の頃である。爆発が起ってから、土地の隆起は急に速度を増している様子がよく見られる。そして翌二十年四月には円頂丘が完全に出来ている。私たちがこの山を訪れた時、即ち本文に書いた記述は、上から二番目の時である。

三松氏の原図はこれよりももっと詳しいもので、極めて貴重な資料である。今度三松氏の快諾を得てこの略図を転載することが出来たことは有難い次第である。

（一九四七年 四七歳）

立春の卵

立春の時に卵が立つという話は、近来にない愉快《ゆかい》な話であった。

二月六日の各新聞は、写真入りで大々的にこの新発見を報道している。もちろんこれは或《あ》る意味では全紙面を割《さ》いてもいいくらいの大事件なのである。

昔から「コロンブスの卵」という諺《ことわざ》があるくらいで、世界的の問題であったのが、この日に解決されたわけである。というよりも、立春の時刻に卵が立つというのがもし本統《ほんとう》ならば、地球の廻転《かいてん》か何かに今まで知られなかった特異の現象が隠されているのか、或《あるい》は何か卵のもつ生命に秘められた神秘的な力によるということになるであろう。それで人類文化史上の一懸案《けんあん》がこれで解決されたというよりも、現代科学に挑戦する一新奇現象が、突如として原子力時代の人類の眼の前に現出してきたことになる。

ところで、事実そういう現象が実在することが立証されたのである。朝日新聞は、中央気象台の予報室で、新鋭な科学者たちが大勢集って、この実験をしている写真をのせている。九つの卵が滑らかな木の机の上にちゃんと立っている写真である。毎日新聞では、日比谷の或るビルで、タイピスト嬢が、タイプライター台の上に、十個の卵を立てている写真をのせている。札幌の新聞にも、裏返しにしたお盆の上に、五つの卵が立っている写真が出ていた。これではこの現象自身は、どうしても否定することは出来ない。

もっともこの現象は、こういう写真を見せられなくても、簡単に嘘《うそ》だろうとは片付けられない問題である。というのは、上海《シャンハイ》ではこの話が今年の立春の二三日前から、大問題になり、今年の立春の機を逸《いっ》せずこの実験をしてみようと、われもわれもと卵を買い集めたために、一個五十元《げん》の卵が一躍《いちやく》六百元にはね上ったそうである。それくらい世の中を騒がした問題であるから、まんざら根も葉もない話でないことは確かである。

朝日新聞の記事によると、この立春に卵が立つ話は、中国の現紐育《ニューヨーク》総領事張平群氏が、支那の古書『天賢』と『秘密の万華鏡《まんげきょう》』という本から発見したものだそうである。そして、国民党宣伝部の魏氏が一九四五年即《すなわ》ち一昨年の立春に、重慶《じゆうけい》(1)でＵＰ特派員ランドル記者の面前で、二ダースの卵をわけなく立てて見せたのである。ちょうど硫黄島危《いおうとうあやう》し(2)と国内騒然たる時のことで、日本では卵が立つか立たないかどころの騒ぎでなかったことはもちろんである。さすがにアメリカでも伯林《ベルリン》攻撃(3)を眼前にして、この話はそうセンセーションを起すまでには到《いた》らなかったらしい。

ところが今年の立春には、ちょうどその魏氏が宣伝部の上海駐在員として在住、ランドル記者も上海にいるので、再びこの実験をやることになった。

ラジオ会社の実況放送、各新聞社の記者、カメラマンのいならぶ前で、三日の深夜に実験が行なわれた。実験は大成功、ランドル記者が昨夜ＵＰ支局の床に立てた卵は、四日の朝になっても倒れずに立っているし、またタイプライターの上にも立った。

四日の英字紙は第一面四段抜きで、この記事をのせ、「ランドル　歴史的な実験に成功」と大見出しをかかげている。立春に卵が立つ科学的根拠はわからないが、ランドル記者は「これは魔術でもなく、又卵を強く振ってカラザを切り、黄味を沈下させて立てる方法でもない。

ましてやコロンブス流でもない」といっている。みなさん今年はもう駄目だが、来年の立春にお試しになってはいかが。

こうはっきりと報道されていると、いかに不思議でも信用せざるを得ない。おまけに、この話はあらかじめ米国でも評判になり、紐育《ニューヨーク》でも実験がなされた。ジャン夫人というのが、信頼のおける証人を前にして、三日の午前この実験に成功したのである。

「最初の二つの卵は倒れたが、三つ目はなめらかなマホガニー(4)の卓の上に見事に立った。時刻はちょうど立春のはじまる三日午前十時四十五分であった」そうである。

上海と、紐育と、それに東京と、世界中到る処で成功している。立春の時刻はもちろん場所によって異《こと》なるので、グリニッチ標準時では二月三日午後三時四十五分である。それが紐育では三日午前十時四十五分、東京では五日午前零時《れいじ》五十一分にあたるそうである。ところがジャン夫人の実験がその紐育時刻に成功し、中央気象台では、四日の真夜中から始めて、「用意の卵で午前零時いよいよ実験開始……三十分に七つ、そして九つ、すねていた最後の一つもお時間の零時五十一分になるとピタリ静止した」そうである。こうなると、新聞の記事と写真とを信用する以上、立春の時刻に卵が立つということは、どうしても疑う余地がない。数千年の間、中国の古書に秘められていた偉大なる真理が、今日突如脚光を浴びて、科学の世界に躍り出て来たことになる。

しかし、どう考えてみても、立春の時に卵が立つという現象の科学的説明は出来そうもない。立春というのは、支那伝来の二十四季節の一つである。一太陽年を太陽の黄経《こうけい》に従って二十四等分し、その各等分点を、立春、雨水《うすい》、啓蟄《けいちつ》、春分、清明《せいめい》……という風に名づけたのである。もっと簡単にいえば、太陽の視黄経が三百十五度になった時が、立春であって、年によって少しずつ異るが、だいたい二月四日頃にあたる。地球が軌道上の或るその一点に来た時に卵が立つのだったら、卵が三百十五度という数値を知っていることになる。

如何《いか》にも不思議であって、そういうことは到底《とうてい》有り得ないのである。ところがそれが実際に世界的に立証されたのであるから、話が厄介《やっかい》である。支那伝来風にいえば、立春は二十四季節の第一であり、一年の季節の最初の出発点であるから、何か特別の点であって、春さえ立つのだから卵ぐらい立ってもよかろうということになるかもしれない。しかしアメリカの卵はそんなことを知っているわけはなかろう。とにかくこれは大変な事件である。

もちろん日本の科学者たちが、そんなことを承認するはずはない。東大のT博士は「理論的には何の根拠もない茶話だ。よく平面上に卵が立つことをきくが、それは全くの偶然だ」と一笑に附している。実際に実験をした気象台の技師たちも「重心さえうまくとれば、いつでも立つわけですよ」とあっさり片づけている。しかしその記事の最後に、「立春立卵説を軽くうち消したが、さて真相は……」と記者が書いているところをみると、記者の人にも何か承服しかねる気持が残ったのであろう。何といっても、五日の夜中の実験に立会って、零時五十一分に十個の卵がちゃんと立ったのを目のあたり見ているのだから、それだけの説明では物足りなかったのも無理はない。

もう少し親切な説明は、毎日新聞に出ていた気象台側の話である。「寒いと中味の密度が濃くなって重心が下るから立つので、何も立春のその時間だけ立つのではない」というのである。それもどうも少しおかしいので、紐育のジャン夫人の居間なんか、きっと夜会服一枚でいいくらいに暖かくなっていただろうと考える方が妥当である。もう一つはどこかの大学の学部長か誰かの説明で、卵の内部が流動体であることが一つの理由であろうという意味のことが書いてあった。そして立春の時でなくてもいいはずだということがつけ加えられていた。ラジオの説明は、私はきかなかったが、何でも寒さのために内部がどうとかして安定になったためだというのであったそうである。

それ等《ら》の科学者たちの説明は、どれも一般の人たちを承服させていないように思われる。一番肝心なことは、立春の時にも立つが、その外《ほか》の時にも卵は立つものだよと、はっきり言い切ってない点である。それに重心がどうとかするとか、流動性がどうとか、安定云々《うんぬん》とかいうのが、どれもはっきりしていないことである。例えば流動性があれば何故《なぜ》倒れないかをはっきり説明してない点が困るのである。

一番厄介な点は、「みなさん、今年はもう駄目だが、来年の立春にお試しになってはいかが」という点である。しかしそういう言葉に怖《お》じけてはいけないので、立春と関係があるか否《いな》かを決めるのが先決問題なのである。それで今日にでもすぐ試してみることが大切な点である。

実はこの問題の解決は極めて簡単である。結論をいえば、卵というものは立つものなのである。朝めしの時にあの新聞を読んで、余り不思議だったので「おい、卵があるかい」ときいてみた。幸い一つだけあるという話で、早速《さっそく》それをもって来させて、食卓の上に立ててみた。巧《うま》く重心をとると立ちそうになるが、なかなか立たない。五分ばかりやってみたが、余り脚の強くない食卓の上では、どうも無理のようである。それに登校前の気ぜわしい時にやるべき実験ではなさそうなので、途中で放り出して、学校へ出かけてしまった。

この日曜日、幸いひまだったので、先日の卵をきいてみると、まだ大事にしまってあるという。今度は落着いて、畳《たたみ》の上に坐《すわ》りこんで、毎日使っている花梨《かりん》の机の上に立ててみると、三四分でちゃんと立たせることが出来た。紫檀《したん》(5)まがいのなめらかな机であるから、少し無理かと思ったが、こんなに簡単に立つものなら、何も問題はないわけである。細君も別の机の上に立ててみると、これもわけなく立ってしまう。なあんだということになった。

それにしても、考えてみれば余りにも変な話である。卵というものが何時《いつ》でも必ず立つものならば、コロンブスにまで抗議をもって行かなければならない始末になる。それでやはりこの頃の寒さが何か作用をしているのかもしれないと思って、細君にその卵を固くゆでてみてくれと頼んだ。

ゆでた卵が簡単に立ってくれれば、何も問題はない。大いに楽しみにして待っていたら、やがて持って来たのは、割れた卵である。「子供が湯から上げしなに落したもので」という。大いに腹を立てて、早速買いに行って来いと命令した。細君は大分不服だったらしいが、仕方なく出かけて行った。卵は案外容易に手に入ったらしく、二つ買って帰って来た。もっとも当人の話では、目星をつけた家を二軒も廻《まわ》って、子供が病気だから是非《ぜひ》分けてくれと嘘をついて、やっと買って来たという。大切な実験を中絶させたのだから、それくらいのことは仕方がない。

今度のは大小二つあって、大きい方は尻の形が少し悪いらしく、なかなか立たない。しかし小さい方はすぐ立たせることが出来た。そこでその方を早速ゆでて貰《もら》うことにして、その間に大きい方にとりかかった。なるべく垂直になるように立てて、右手の指で軽く頭をささえ、左手で卵を少しずつ廻転させながら、尻の坐りと机のわずかな傾斜とが巧く折れ合うところを探しているうちに、ちゃんと立ってくれた。十分くらいかかったようである。要するに少し根気よくやって、中心をとることとさえ出来れば、大抵《たいてい》の卵は立派に立つものである。

その間にゆで卵の方が出来上った。水に入れないでそのまま持って来させたので、熱いのを我慢しながら中心をとってみた。すると今度も前のように簡単に立てることが出来た。寒さのための安定云々も、流動性の何とかも、問題は全部あっさり片付いたわけである。念のために殻《から》をとり去って、縦に二つに切ってみた。黄味は真中にちゃんと安座していた。何の変りもない。黄味の直径三十三ミリ、白味の厚さが上部で六ミリ、底部で七ミリ、重心が下っているなどということもない。要するに、もっともらしい説明は何も要らないので、卵の形は、あれは昔から立つような形なのである。この場合と限らず、実験をしないでもっともらしいことを言う学者の説明は、大抵は間違っているものと思っていいようである。

物理学の方では、釣合の安定、不安定ということをいう。釣合の位置から少し動かした場合に、旧《もと》の位置に戻るような偶力《ぐうりよく》(6)が出て来る場合が、安定なのである。卵が立っているような場合は、よく不安定の釣合といわれる。しかし物理学の定義では、この場合も安定なのであって、ただ安定の範囲が非常に狭いのである。

物が立つのは、重心から垂直に下した仮想線が、底の面積内を通る場合である。底は下の台に接しているので、台から上向きに物体をささえる力が、その物体に働いて、その力と物体に働く重力とが釣合っているのである。ところで日常生活で我々が常識的に使っている安定不安定という言葉には、安定の範囲という要素がはいっている。物体を少し傾けても、重心から下した垂直線が、底面内を通る範囲内では、旧位置に戻るような方向に偶力が働き、物体はもとに戻る。すなわち安定である。ところがその垂直線が底面をはずれると、偶力はますます傾くような方向に働き、物体は自分で倒れてしまう。重心からの垂直線が底面をはずれる時の傾きが大きい時を安定といい、少し傾いてもすぐはずれてしまう場合を不安定といっているが、これは素人《しろうと》風ないい表わし方である。本統は安定の範囲が広い狭いという方が、よいのである。ピサの斜塔がよい例であって、土台が悪かったためにあのように傾斜した形で落着いたのであるが、あの程度の傾斜では、重心からの垂直線はまだ十分底面内を通っているので、あの形で安定な釣合を保っている。それで少しくらいの地震があっても、倒れることはない。ただあの塔が真直《まつすぐ》に立っている場合よりも、安定の範囲が狭いだけである。

卵を立てる場合は、この底面積、すなわち卵の殻と台の板との接触している面積が非常に狭い。卵の表面が完全な球面で、板が完全な平面ならば、接触は幾何学的には、ただ一点である。すなわち接触面積はほとんど零《ゼロ》といっていい。しかし物理的に考えてみると、卵が立った場合、卵の目方は全部その一点にかかるので、圧力からいうと、大変な大きさになる。圧力というのは、目方をそれが働いている面積で割ったものであるから、卵の目方が五十グラムしかないとしても、面積が零に近かったら、圧力は無限大となる。物体に歪《ゆが》みを生じさせるのは、力ではなくて圧力である。棒で掌《てのひら》を押してみても何でもないが、それと同じ力で針でつけば、つきさ さるわけである。それで球を平面の上にのせた場合には、平面の接点附近《ふきん》がその圧力のために少し歪み、球の接点附近もまた少し歪む。そして極めて小さい円形の面積で球の底と板とが接し、その面積で球の目方をささえるのである。

球と平面との接触面積は、球の半径と目方と物質の弾性とによってきまる。球と平面とが同じ物質で、両方とも完全に幾何学的な形をしている場合には、その接触面積は、理論的に計算出来る。それにはヘルツの式[7]というのがあって、すぐ計算が出来る。樫《かし》の卓の上に立てるとすると、樫のヤング率[8]は1.3×10^{11}くらいである。大体の見当をみるのであるから、卵殻の固さも樫と同程度と見ておく。卵の目方を五十グラム、底部を球とみなし、その半径を二センチ半として、接触面積を出してみる。簡単な計算ですぐ分ることであるが、円の直径は2.2×10^{-3}センチと出る。すなわち直径百分の二ミリくらいの円形部分がひずんで、その面積で卵をささえていることになる。それで卵の重心から下した垂直線が、その面積内を通れば、卵は立つわけである。問題はそういうふうに巧く中心をとる技術だけにかかることになる。要するに根気よく、静かに少しずつ動かして、中心がとれた時にそっと手を放せばよいのであるが、一ミリの百分の一とか二とかいう精密な調整は、とても人間の手では出来そうもない。

　それで次に考えてみるべきことは、卵の表面の性質である。卵の表面は、完全な球面または楕円《だえん》面でなく、表面がざらざらしていることは誰でも知っているとおりである。百分の一ミリ程度を論ずる場合には、もちろん、このざらざらが問題になる。表面に小凹凸《おうとつ》があると、その凸部の三点或は四点で台に接し、それがちょうど五徳《ごとく》の脚《あし》のような役目をして卵をささえるはずである。そうすると卵の「底面積」は、相隣《あいとな》る凸部の三点または四点の占める面積になる。理論的には三角形の頂点の三点でよいはずであるが、実際は四角形の四隅の点、或はもう少し多い点になるであろう。いずれにしてもこの方は前述の百分の二ミリなどという値よりも、ずっと大きくなりそうである。

教室の昼飯の時に、この話を持ち出してみたら、H君が一つ顕微鏡《けんびきょう》で見てみましょうというこ とになった。H君は人工雪の名手である。顕微鏡の下で雪の結晶を細工するのになれているので、卵の凹凸くらいは物の数でない。さっそく台の上に墨《すみ》を塗《ぬ》って、その上に卵を立て、卵の尻に黒いマークの点をつけた。そしてそのマークのところで殻を縦に切り、その切口を顕微鏡で覗《のぞ》いてみた。

まず驚いたことは、卵の表面の凹凸は、きわめて滑らかな波形をしている点であった。ざらざらの原因であるところの凹部と凸部との高さの差すなわち波の高さは、百分の三ミリ程度にすぎず、それに比して凸部間の距離、すなわち波長は、この卵では十分の八ミリくらいもあった。これで問題は非常にはっきりしたのである。五徳の三本脚或は四本脚の間隔は、約十分の八ミリであるから、半ミリ程度の精度で中心を巧くとれば、卵は立派に立つわけである。それくらいの精度でよければ、人間の手でも、落着いて少し根気よくやれば、調整が出来るはずである。百分の二ミリではちょっと困るが、この程度ならば大丈夫である。

ところで前にいった、球面と平面とが、弾性的歪みによって接触することは、この凸部と板との接触についてあてはまる。もっとも板の表面の凹凸を考えに入れれば、もう少しむずかしくなるが、そこまで立ち入らなくても話の筋は分る。すなわち卵の表面の凸部と板とが、直径百分の一ないし二ミリくらいの円で接し、そういう接点が、十分の八ミリくらいの距離で、三点或は四点あって、卵をささえているのである。

そうすると、卵がどれくらい傾いたら、重心線が底の三点の占める面積をはずれるのか、すなわち卵が倒れるかという計算が出来る。重心の高さを二センチ半として、それが横に半ミリずれる時の傾きは、約一度である。それで一旦《いったん》立った卵は、一度くらい傾くまでは安定であって、それ以上傾くと倒れるはずである。事実机の上に卵を立てて、ごく静かに机をゆすぶってみると、卵は眼に見える程度に揺れることが認められるが、それでもなかなか倒れない。もっとも少しひどくゆすぶれば倒れることはもちろんである。眼に認められるくらい揺れるというのが、だいたい一度くらいであろう。これで卵の立つ力学はおしまいである。

こういう風に説明してみると、卵は立つのが当り前ということになる。少くもコロンブス以前の時代から今日まで、世界中の人間が、間違って卵は立たないものと思っていただけのことである。前にこれは新聞全紙をつぶしてもいい大事件といったのは、このことである。世界中の人間が、何百年という長い間、すぐ眼の前にある現象を見逃していたということが分ったのは、それこそ大発見である。

しかしそれにしても、余りにことがらが妙である。どうして世界中の人間がそういう誤解に陥《おちい》っていたか、その点は大いに吟味《ぎんみ》してみる必要がある。問題は巧く中心をとればというが、角度にして一度以内というのは恐ろしく小さい角度であって、そういう範囲内で卵を垂直に立てることが非常に困難なのである。その程度の精度で卵の傾きを調整するには、十分の一ミリくらいの微細調整が必要である。それを人間の手でやるには、よほど繊細《せんさい》な神経が要ることになる。実は学校へ卵をもって行って、皆の前で立てて、一つ試験をしてみようと思った時は、なかなか巧く行かなかった。夜落着いて机に向っていて、少し退屈した時などにやれば、わりに簡単に立つのである。

卵を立てるには、静かなところで、振動などのない台を選び、ゆっくり落着いて、五分や十分くらいはもちろんかけるつもりで、静かに何遍《なんべん》も調整をくり返す必要がある。そういうことは、卵は立たないものという想定の下ではほとんど不可能であり、事実やってみた人もなかったのであろう。そういう意味では、立春に卵が立つという中国の古書の記事には、案外深い意味があることになる。私も新聞に出ていた写真を見なかったら、立てることは出来なかったであろう。何百年の間、世界中で卵が立たなかったのは、皆が立たないと思っていたからである。

人間の眼に盲点があることは、誰でも知っている。しかし人類にも盲点があることは、余り人は知らないようである。卵が立たないと思うくらいの盲点は、大したことではない。しかしこれと同じようなことが、いろいろな方面にありそうである。そして人間の歴史が、そういう瑣細《ささい》な盲点のために著《いちじる》しく左右されるようなこともありそうである。

立春の卵の話は、人類の盲点の存在を示す一例と考えると、なかなか味のある話である。これくらい巧い例というものは、そうざらにあるものではない。紐育・上海・東京間を二三回通信する電報料くらいは使う値打のある話である。

（一九四七年 四七歳）

線香花火

もう十年以上も前のことであるが、まだ私が大学の学生として寺田先生の指導の下に物理の卒業実験をしていた頃の話である。その頃先生はよく新しく卒業して地方の高等学校などへ奉職して行く人に、金《かね》や設備がなくても出来る実験というものがあるという話をして、そういう「仕事」をぜひ試みてみるようにと勧められていた。それらの実例として挙げられた色々の題目の中にはいつも決って線香花火の問題が一つ含まれていたのであった。

線香花火の火花が間歇《かんけつ》的にあの沸騰《ふっとう》している小さい火の球から射出される機構、それからその火花が初めの中《うち》はいわゆる「松葉」であって、細かく枝分れした爆発的分裂を数段もするのであるが、次第に勢いが減ると共に「散り菊」になって行く現象がよほど先生の興味を惹《ひ》いていたようであった。そればかりでなく先生の持論、即《すなわ》ち日本人は自分の眼で物を見なくていいかぬという気持が、このような日本古来のものに強い愛着の心を向けさせたこともあったように思われる。先生がこの種の金のかからぬしかし新しく手を付けるべき問題についてその実験の道を指示される時には、実に明確にその階程《かいてい》を説きつくされるのであって、明日からでもその通りに手を付けさえすれば、必ず一応の所までは誰にでも出来るように「教育」されるのであった。ところで毎年四月、先生の家の応接間の一夕《いっせき》、この教育を受けては、「なるほど線香花火は面白いようですから早速《さっそく》やってみましょう」といって出掛けて行った数人の人々からその後何の知らせもないのが例であった。こんなことが毎年毎年繰り返されている中に、到頭《とうとう》これは自分の所でやらねばならぬと先生が癇癪《かんしゃく》を起されたのであった。このことは随筆の中にも書かれているはずである。

丁度《ちょうど》夏休みの頃で、Y君と二人真裸体《まっぱだか》の上に白衣を着て、水素の爆発の写真を撮っていた。午後の暑い真中に、いつものようにその実験室へ這入《はい》ってこられて、しばらく話の末、「どうです、この暑さじゃそう勉強しちゃとても耐《たま》りませんよ、一つ銷夏法《しょうかほう》(1)だと思って線香花火をやりませんか」ということになった。少々前からの実験に手を焼いていた矢先でもあり、早速線香花火の方へ取りかかることになった。まずすべきことは線香花火を買ってくることであるが、それは五銭位買えばまずまず夏休み中の仕事には十分であった。それに写真器と顕微鏡《けんびきょう》とが揃《そろ》えば当座はそれで実験が始められるのである。

まず線香花火を一本取り出して火を点《つ》けてその燃え方を観察してみる。初め硝石《しょうせき》（2）と硫黄《いおう》との燃焼する特有の香がして、盛んに小さい焔《ほのお》を出しながら燃え上り、しばらくして火薬の部分が赤熱された鎔融《ようゆう》状態の小さい火球となる。その火球はジリジリ小さい音を立てて盛んに沸騰しながら、間歇的に松葉を放射し始める。そして華麗で幻惑《げんわく》的な火花の顕示《ディスプレイ》の短い期間を経ると、松葉は段々短くなり、その代りに数が増してきて、やがて散り菊の章に移って静かに消失するのである。沢山《たくさん》の花火について一々それらの時間を測定して、その平均をとって、まず標準的の線香花火の火花の過程を記録する。

それで火花の実体を見るために、硝子《ガラス》板を火球に近づけて、火花をその上に受けて顕微鏡で覗《のぞ》くという仕事を始める。直《す》ぐ分ったことは、この火花は非常に細かい炭素粒の塊《かたま》りがある種の塩らしい透明物質に包まれたものであるということであった。それで火花の松葉形の分裂はこの透明な高温の鎔融物質中に包まれている炭素粒が途中で爆発的の燃焼を起して、この塊りを四散させるためだろうということ位は見当を付けることが出来たのである。次にはこの火花の写真を撮って分裂の模様を見るというのが順当な経路である。ところがこの赤味がかった光の弱い火花の写真を撮るということが、この頃のように速いパンクロマチック(3)の乾板の得られなかった当時ではなかなか容易な業《わざ》ではなかった。到頭夏休み中かかって微《かす》かな火花の痕跡《こんせき》の写真が撮れるという所で満足するより仕方なかった。それでも「何も写らないという間が一番苦労なので、どんなに微かでも何か写りさえすれば、その後立派な写真が撮れるようになるまでのことはわけはない」といわれる先生の言葉に安心して、この実験は一《ひと》まず切り上げということになった。

次の年の夏がきて、また線香花火の時期となった。その年の春大学を出て理研で引続いて先生の実験を手伝っていた私の所へ、東北大学の物理の学生S君がやってきて、何か夏休み向きの実験をやりたいという話があった。丁度良いところだったので、二人で線香花火の写真を撮り出した。狭い暗室の中に閉じ籠《こも》って、硫黄の香に咽《む》せながら何枚も何枚も写真を撮って見る。

その上乾板の感度を高めるためにアンモニアを使うので、換気の悪い暗室の中は直ぐ鼻をつく瓦斯《ガス》に充満されてしまう。そのような感覚的の記憶は年を経ると共に苦痛の方面が段々薄らいで、懐かしさの思い出に変って行くのも面白いことである。もっともそれには単に感覚的の記憶という以外に、その頃のひたむきな気持と肉体的の健康さとに対する愛惜《あいせき》に近い気持が手伝っていることもあるのであろう。

そのようなことを二週間ばかり続けている中に、どこを際立って改良したということもなしに、段々良い写真が撮れるようになってきた。松葉の火花の美しさは、単に爆発の際に非常に沢山の数に分裂するという以外に、この時四散した小火花がさらに第二段、第三段の爆発をすることによるという点も納得出来た。写真を撮ることが出来るようになれば、今度は乾板を廻《かい》転《てん》しながらその上に火花の像を結ばせると、火花の速度を測ることが出来る。このような場合、普通は廻転ドラムに捲《ま》きつけたフィルム上に写真を撮るのであるが、この場合のように感光度の極端に大きいことの必要な時には、乾板を廻《まわ》す装置を作った方が良いのである。第一費用も十分の一位で済む。火花の速度は案外小さく、普通は平均毎秒六十センチ位のもので、火球を飛び出してから最初の大爆発までの時間は十分の一秒程度のものである。これらの数値は線香花火の火花の化学変化を調べる時に大切な値となるであろう。速度が案外小さいことは夏の夜の縁側で、わずかばかりの涼風にもこの火花がかなり吹き流されることからも見当の付くことである。

次に調べることは、火花の射出および爆発の際のエネルギーの源、即ちその化学変化である。線香花火は硝石、硫黄、炭素の粉をよく混じて磨《す》り合せたもので、これを日本紙の紙撚《こよ》りの先端に包み込んだものである。前に、その外《ほか》に鉄の粉も混じてあるという話も聞いたことがあるが、現在普通市販のものには鉄ははいっていないようである。この日本紙の紙撚りというのも重要な意味があるのであって、沸騰している火球を宙釣りにして保つには紙がなかなか大切なのである。薄い西洋紙で線香花火を作ってみたが、火球が出来ると同時に紙が焼け切れてどうしても駄目であった。このことなどもこの花火が西洋にない理由の一つかも知れない。火球の中での化学変化を見るには、沸騰している火球をその各段階で急に水の中に落してその溶液の定性分析をすることと、硝子《ガラス》板に受けた火花を洗い取ってその液を調べることを試みた。化学者の眼に這入ったら、とんだ御笑い草になるのかも知れないが、これで硝石が分解して酸素を供給し、硫黄と炭素粉の燃焼を助け、その際急激に発生する瓦斯で火花を射出する階程を見たつもりなのであった。

火球が酸化のためにどれ位の温度になった時に火花が出始めるかを見るのはちょっと厄介《やっかい》である。これにはやはり器械が要るので、鎔鉱炉の中の温度などを測る光学的高温計を用いると理由《わけ》なく測ることが出来る。それは火球の明るさを電流を通じて赤熱した針金の明るさと比較して、その時の電流の値から温度を知るという方法である。大学の工学部にこの器械があったので、線香花火を一把《いちわ》持って行ってその器械を使わせて貰《もら》ったら、半日で片《かた》が付いてしまった。その結果によると、火球は出来初めは八六〇℃位でその間は未だ火花が出ない。それが内部での硝石の分解による酸化と表面での酸化とのために、しばらくすると九四〇℃位まで温度が上る。そうすると松葉火花が盛んに出始めるのであるが、軈《やが》てまた温度が漸次《ぜんじ》下って行って八五〇℃位になると、火花が出なくなって間もなく消失するのである。それでは初めまだ温度が十分高くならぬ中に、アーク灯[4]の光の熱線を火球の片側へ水晶レンズで集光したら、その側から先に火花が出始めるかという疑問が起る。早速やってみたがこれはどうも予期通りに行かなかった。やはり内部での化学変化が十分進行しない中は、表面だけ少し温度が上ったのでは駄目らしい。しかしこのアークで照らしながらよく見ると、丁度煙草を輪に吹いた時のような煙の輪の非常に小さいもの、まず南京玉《なんきんだま》位(5)の煙の輪が盛んに火球の表面から放出されているのが見えた。これは火花としては眼に見えない位の極微の鎔融滴が盛んに射出されるためと思われる。その状態が進んで、化学変化がもっと激しくなると、温度の微変動《フラクチユエーシヨン》ももっと大きくなり、ある一部で相当の大きさの塊りを射出し得る位の瓦斯《ガス》発生を伴う変化が起り、その時射出された小滴が火花として眼に見えるのである。

この頃電気花火という名前で販売されている西洋風な花火は、アルミニウムの粉を主としてこれに光を増すためにマグネシウムを少量加え、硝石その他の燃焼を助ける物質を混じて糊《のり》で針金に固めつけたものである。この花火では火球は出来ず、点火と同時に多数の火花を連続的に放出し続けて消えてしまう。この花火では松葉のような複雑で美しい火花は勿論《もちろん》見られないし、火球がジリジリ沸騰している間の絢爛《けんらん》の前の静寂も味わわれない、松葉の美しさは単に炭素の粉が赤熱されて放出されるだけでは起らないのであって、空気中をある距離だけ走って急激な爆発的の燃焼が起るまでは他の物質で包まれている必要があるのである。線香花火の場合には最も簡単な薬品の組合せで最も有効にその条件が満《み》たされているのである。

この年の夏休みがすんで、線香花火もまず一段落というところまで進んで一休みとなった。その後私は急に外国へ行くことになった。倫敦《ロンドン》で先生から受取った手紙の一節には次のような文句があった。

線香花火の紹介がベリヒテ(6)に出て居ますね。“Matuba” Funken や “Tirigiku” Funken が欧羅巴《ヨーロッパ》迄《まで》も通用することと相成り、曙町《あけぼのちょう》(7)の狸爺《たぬきじじい》、一人でニヤ〳〵して居る姿を御想像被下度候。

（一九三七年 三七歳）

琵琶湖の水

初めから汚い話で恐縮であるが、琵琶湖《びわこ》へ小便をしたら、水嵩《みずかさ》はどれだけ変るかという問題がある。

これは一寸《ちょっと》面白い問題であって、日本の政治家ならば、大抵《たいてい》の人は「どれだけかというくわしいことは技術者に計算させればすぐわかるが、とにかく極めて少量ではあるが、小便の分量だけは水嵩が増す」と答えるであろう。如何《いか》にもそのとおりのように聞える。しかしこれが一番の愚答《ぐとう》なのである。

琵琶湖の面積は六七〇平方キロ余りある。一回の小便の量を計算に便利のために、約六七〇立方センチとする。少しくらいこれより多くても少なくても、結論にはかかわりはない。これだけの水量が加わるとすると、六七〇立方センチを六七〇平方キロで割った数だけ水嵩が増すことになる。それならば「極めて少量ではあるが幾分は水嵩が増す」という答でいいではないか、ということになりそうである。しかしそう簡単には言えないので、こういう場合に、何か返答をしようと思ったら、割算をやってみなければならない。

その割算は極めて簡単である。

$$\frac{670\ \text{立方センチ}}{670\ \text{平方キロ}} = \frac{0.00067\ \text{立方メートル}}{670 \times 1{,}000{,}000\ \text{平方メートル}} = 0.000000000001\ \text{メートル}$$

最初の零《ゼロ》を入れて、零が十二つく。これを便宜上1×10^{-12}メートルと書く。センチに直すと1×10^{-10}センチとなる。言葉でいえば百億分の一センチである。「一センチの百億分の一だけ水嵩が増す」という答が馬鹿げていることは、誰にもすぐわかるであろう。そういう極微の量はどうにでもなるものであって、例えば湖面からの蒸発量などにくらべても、問題にならない量である。

蒸発量は天候によって広い範囲に変ることはもちろんである。大ざっぱにみて、毎日の気象台で測られている蒸発量の平均を、一ミリ余りとみる。湖面からの蒸発は、陸上で蒸発計で測られる値の八割くらいとみられるので、話を簡単にするために、一日に一ミリ蒸発するとする。これは非常に少なくみての話である。しかし僅《わず》か一日一ミリの蒸発でも、さっきの百億分の一センチとはひどいちがいである。小便をするには、時間がかかる。それを三十秒かかったとすると、その三十秒間の蒸発量は

$$\frac{1 \times 30}{24 \times 60 \times 60} \text{ミリ} \fallingdotseq 3 \times 10^{-4} \text{ミリ} = 3 \times 10^{-5} \text{センチ}$$

3×10^{-5}センチ、即《すなわ》ち十万分の三センチである。これを前の百億分の一センチとくらべてみると、約三十万倍に当る。小便で増す水嵩よりも、蒸発で減る水嵩が三十万倍も大きいとすると、「極めて少量ではあるが、いくらかは増す」という答がまちがっていることは明らかであ

る。

しかしこういう抗議が出るかもしれない。蒸発はどうせあるのだから、蒸発で減る分量の極く一部が小便で補《おぎな》われて、「幾分《いくぶん》かは減り方が少なくなる。それがいくらかは増すという意味である」という議論である。しかしそれも困るのであって、今言った蒸発量は平均の値である。本当の蒸発量は、気温、風、湿度、日射などによって著《いちじる》しく変化する。その時その時の気象条件によって、一万倍から百万倍くらいの間に変化するので、その平均が大体三十万倍くらいになるのである。それで今の例は、一日に一万円から百万円の範囲で損をしながら、一円もうけた場合、財産がどうなるかというのと同じ問題になる。損をする額が非常に大きくしかも一定でないのであるから、一円だけ損の仕方が少ないとも言えないわけである。

こういうとまた次のような抗議が出るかもしれない。「琵琶湖に小便というような問題に対しては、何もそういう実際問題として答えているわけではない。蒸発だの河水の流入流出だのが全然ない場合を仮定して、そういう理想的な場合について、理論的にいって、その分量はいくら少なくても、とにかく小便の分量だけ水嵩が増すと言っているのだ」という論である。ところがそういう理論的な問題としたら、この答案は、一層いけないのである。

というのは、百億分の一センチという長さは、理論的にいっても、意味のない数字である。それは水の分子の大きさよりもずっと小さい数字なのである。実は分子どころではなく、それを構成している原子よりもさらに小さいので、問題にならない話である。水の分子は酸素原子一つと、水素原子二つとから出来ている。その水素原子はさらに原子核と外電子とから成っているので、その両者の間隔、即ち原子の大きさが、大体10^{-8}センチ、即ち一億分の一センチである。前に挙げた百億分の一センチというのは、この原子の大きさのさらに百分の一なのである。そういう量が、水嵩という言葉には、全く意味が無いことは明白であろう。

それでこの問題は、実際的にはもちろん、理論的にも成り立たない問題である。即ち水嵩ということを問題にする以上、問題自身が意味のないものなのである。少しでも物が加わった以上、どんなに少なくとも少しは増すという常識論の誤謬《ごびゅう》は、量の観念が無いところからきている。

この例は、一つの笑い話としてはなかなか面白い話である。ところがこれと全く同じような話を、政府の責任者が、大真面目《おおまじめ》で言っている場合が、かなりしばしばあるように思われる。承知して言っているのならまだしも、本気にそういうふうに考えている場合もあるらしい。量的や数的の観念を持たない人の考えは、あぶなっかしいことおびただしい。

戦争中の話には、この系統のものが数えきれないくらいあった。その中で比較的罪のない例をあげてみよう。東京で防火用の砂を用意せよという布告が出たことがある。防衛司令部というような厳《いかめ》しい名前のところから出た命令であったが、各戸に砂を用意せよというのである。分量も指定してあって、確かなことは忘れたが、何でも二斗樽《にとだる》(1)一杯くらいの量であったかと思う。

結構な命令のようであるが、この命令は実は一寸困るのである。砂は海岸か河原にしかないものである。東京市中にないものをあらしめるには、運んで来るより外《ほか》に方法は絶対にない。それを運ぶにはたいへんな輸送力が要るから、土でもいいのではないかという疑問が出る。生産用の輸送力を犠牲にしてまで砂を運ぶのは可笑《おか》しい。そういうことを一寸洩《も》らすと、大変なことになる。だからインテリは時局の認識が足りなくて困る、土では巧《うま》く撒《ま》けないのだ、砂と言われたら砂を用意すればよいのだ、理窟《りくつ》ばかり言って国策に協力しない非国民だとお叱《しか》りを受けたという話を、友人の一人から聞いた。

しかし東京の当時の人口は、七百五十万あって、家数にして二百五十万戸になる。二斗の砂の目方は、少なくとも五〇キロはある。一戸に五〇キロの砂を東京全市の家に備えつけさせるためには、方法の如何《いかん》をとわず、

$$50\text{キロ} \times 2{,}500{,}000 = 1.25 \times 10^{8}\text{キロ} = 1.25 \times 10^{5}\text{トン}$$

1.25×10^{5}トン、即ち十二万トンの砂を海岸から東京市まで運び、それを全市に配布することが絶対必要である。砂は東京市中に無いのだから仕方がない。セキ車(2)などそうあるわけはないから、トム(3)に平らに積んだら、一万輛《りょう》近い貨車がこのためだけに必要になる。貨車でなく各人が皆汽車に持ち込んだら、その十倍もひどいことになる。それでもいいのかときいたら、黙ったそうである。そしてそのうちにまた布告が来て、今度はいつの間にか「砂または土」と

なっていたという。真偽のほどは保証の限りではないが、如何にもありそうな話である。

防衛総司令部などというところにいる偉《えら》い人々の中に、一桁の数字の割算や掛算が出来る人が、一人もいなかったというのは、如何にも不思議である。少なくも小学校は皆さん出ておられるはずである。こういう話をすると、軍人は実に馬鹿だったからと言う人がある。しかし大学までちゃんと出たお役人や政治家の中にも、案外これに似た人が沢山いるようである。戦争中は悪夢にうなされていたという口実がつけられたかもしれない。終戦後、しかも一年以上すぎて、もう大分落着いていい時期になっても、相変らずものごとを数量的に考えるだけの落着きをとり戻せない連中が、かなり多いようである。

札幌でも昨年から燃料問題が深刻になってきた。当局からは夏の初め頃、今冬の石炭は大丈夫配給する、道民を凍死させることは絶対にしないという声明が出た。その記事を新聞で見て、私たちはこの冬の石炭はまず諦《あきら》めることにした。一かけらも配給しなくても、大抵の人は凍死はしないですむからである。

予想は不幸にして的中して、十二月末になっても、約束量の三分の一くらいしか配給はない。

人々は生産や勉強どころの騒ぎではなく、燃料問題に狂奔《きょうほん》の形である。北海道では食糧よりも燃料の方がもっと重大問題なのだから、無理もない話である。石炭は諦めるとして、薪《まき》ということになるが、それがまた統制品である。

この薪の統制というのが、実に不思議なのであるが、一昨年かに統制品となったら、その瞬間から全然なくなってしまった。当局の方では躍起《やっき》になって、割当量を供出《きょうしゅつ》しない者には官林の払下げをしないと造材屋どもをおどかして、大いに薪の生産に努力された。事実造材師は、建築用材まで三尺(4)に切って、割当量を完納したのである。それでも都市の方には、薪は一向姿を見せない。輸送の困難というのが一つの理由であるが、その言葉は実に抽象的な言葉なのである。最近この方面の組合の幹事の人に聞いた話では、北見方面から千石(5)送った薪が、札幌へは八十石しか着かなかったそうである。そういういろいろな輸送の困難があるわけである。もっとも本当の困難もあるので、薪が一つの沢いっぱいを埋めて、下積みの方はとっくに腐《くさ》っているというような景色もいくらも見られる、御希望ならいつでも御案内しましょうという人もある。

理由は何であれ、とにかく困るのは、都市の住民である。札幌市でも、到頭我慢《とうとうがまん》が出来なくなって、円山《まるやま》の天然記念物になっている原始林(6)を伐《き》り払って、市民に薪を供給しようという案が出た。昨年の十月のことである。札幌市燃料対策委員会が決定した案とかいう話で、早速《さっそく》林業課に申し入れがあったそうである。

北海道でも、乱伐《らんばつ》の結果、この頃では原始林などというものは、そう簡単には見られない。ところが円山の原始林は、市外へ一歩出ると、すぐ三千年斧鉞《ふえつ》(7)のはいらない、人間以前の自然のいぶきに浸《ひた》ることが出来る仙境《せんきよう》である。この原始林の秋の紅葉の美しさを見るごとに、これを天然記念物として今日まで残してくれたわれわれの祖先の恩愛を、ひそかに思い起す人もかなりあることであろう。しかしそういう精神的の享楽《きようらく》などは、資本家的趣味であって「われわれ大衆を凍死から救うためには」そういう感傷に浸ってはいられないと言う人も沢山《たくさん》あるのであろう。そして委員会ではその後者の論が勝ったのではないかと思われる。

いよいよ実地調査ということになって、北大のT博士が立会って踏査《とうさ》がなされた。伐木量は五千石という話であった。五千石というのは、帳簿上では、全山の老若合わせた全木材の三分の一である。しかしいよいよ実際に伐り出すとなると、労力と賃金との関係で、細い木は伐れないから、目どおり直径一尺以上のものを選ぶのが常識である。それで全山のめぼしい木を全部伐らなければ、五千石にはならないことがわかった。ところで問題は、この五千石の薪を札幌全市の家に配給すると、一体いくらになるかという点である。それは実は一戸当り五本くらいの量なのである。この話の落ちはそこにあるので、五本の薪が札幌の冬を越すのに、如何なる役割をするか、それは説明するまでもない。

委員会の闘士は、或《ある》いは「凍死するか否《いな》かの瀬戸際では、五本の薪でも助かるか死ぬかを決することになる」と言われるかもしれない。しかし一方沢を埋めて腐っている薪のことも考えねばならない。その薪の量については、数量的な資料があるわけではないが、統制前の札幌では、薪を主として使っていた家では、一冬に五敷《しき》や六敷使うのが普通であった。北海道の田舎《いなか》では、現在でも大抵の農家は、十敷以上、多い家では二十敷も焚《た》いている。一敷というのは、大人が一本持ち上げるのに丁度《ちょうど》よいくらいの太い薪にして、約百本である。そういう莫大《ばくだい》な量の薪を一冬に焚いてしまうこと自身、即ち住宅の欠陥については、充分考える必要があるが、北海道にはまだ薪はかなり豊富にあることは事実である。少なくも豊富に焚いていることは事実である。従って沢を埋めている薪の量も、大体想像がつくであろう。そっちの方は放っておいて、円山の原始林を伐って五本の薪を配給することは、琵琶湖への小便である。

幸いこの事件は、T博士の尽力によって、無事判定されたらしく、円山の原始林は、今年の冬も静かに雪の中にねむっている。少なくも現在は私はそう思っている。しかし「琵琶湖の水嵩はいくらかは増す」と思い込んでいる連中は、いつ何をやり出すかわからない。

防空用の砂にしても、原始林を薪にする話にしても、数量的にものごとを考える癖《くせ》が一寸でもある人ならば、こういう誤謬には陥《おちい》り得ないはずである。ところが現実には、日本の国の要路に立っている人々の中に、この種類の人間が相当数あるように思われる。こういう話をすると、よく「どうも日本の政治家は数学を知らない」とか「科学知識が足りない」とかいう言葉でもって、相槌《あいづち》を打たれる人がある。しかしその評は実は当っていないので、これは数学とか科学とかの問題まで行っていない話なのである。この種の話は大抵の場合、有効数字としては一桁か、せいぜい二桁の割算ですむ場合が多い。小学校の生徒の算術ですむ問題であって、数学などというものではないのである。

そういうふうにいうと、「それでは日本の教育がよほど悪いのでしょうな」といわれる人もある。大学や専門学校を立派に卒業した大人に、小学校の算術が出来ないとしたら、教育が悪いといわれても仕方がない。しかし悪かったのは、数学の教育ではなかったのである。いつか議会での米価の説明をするのに、最小二乗法(8)を使ってあって、その専門の技師が欠席していたので何とかしたという事件があった。最小二乗法を忘れたというならば、数学の教育が悪いともいえる。しかし一桁の割算が出来ないというほど、まるで桁ちがいなことが起って来るのは、数学の教育が悪いためではない。それほどの悪結果をのこすほどの悪い教育は、しようと思っても出来ないからである。量のちがいが、あまりにも莫大な場合には、それは質のちがいになってくる。そういう意味で、これほど馬鹿らしい量的観念の不足は、もし教育の欠陥としたら、それは多分修身教育の欠陥にあるのであろう。

そういう気持になったのは、最近北海道の開発について、綜合《そうごう》か分割かという議論が盛んにあって、その中に一寸面白い例があったからである。従来は、開墾《かいこん》、農林、土木、港湾その他一切の事業を、一括して北海道庁に任せて、開発をして来たのである。それが綜合開発であって、その予算がいわゆる拓殖費《たくしょく》なのである。昨年度はこの拓殖予算が二億七千万円とかあったそうであるが、今年度はそれが一躍して十何億円とかいう数字に上《のぼ》るらしい。中央政府の方では、そういう莫大な予算の使途を、一地方庁に任すことは出来ないとでも思ったのか、内閣に北海道開発庁というものを作ることになった。そして詳《くわ》しいことは知らないが、何でも林政は農林省、港湾は運輸省というふうに、それぞれの官庁の監督か指揮かを受けることにしようというのらしい。それがいわゆる分割なのである。

ところでこの分割というのが、北海道では大変評判が悪い。開発庁が閣議に上《のぼ》った頃、即ちこの一月十日前後の北海道の新聞には、分割絶対反対の声が盛んであった。「綜合して生かすか、分割して殺すか」というようなスローガンを掲げて、ひどいのになると、「道民の総意を無視して、中央で飽《あ》くまで分割政策をとる場合には、北海道は独立して自由国となるべしとの論も出ている」というような文句が、北海道の二つの大新聞に、堂々と出ていた。「独立して自由国になる」というような言葉は、以前ならば内乱罪か何かになるのであろうが、この頃はかまわないのかと一寸不思議な気がした。

私も現在は道民の一人であるが、綜合だって分割だって、別に大した関係のあることではないと、多寡《たか》をくくっていた。ところがそれが「独立して自由国になる」ほどの大事件なのなら、うかうかとしてはいられない。戦争には敗《ま》けてもやはり日本国民の一人でありたいので、エゾ国の国籍をもつようになるのだったら、今のうちに内地へ引き揚げねばならないからである。

それでこういうことに詳しい友人の一人X君にきいてみたら、馬鹿な話さと一笑に付されてしまった。「何億という自由になる金があれば、いろいろいいこともあるさ」と相手にしない。自由になるというのは、もちろん誇張であるが、かなり融通の効く性質のものではあるらしい。従来も拓殖費というものが北海道開発の癌《がん》だという説と、生命の綱だという説と二つあった。X君のような口の悪い男ならば、それくらいのことは言うかもしれなかったのである。

要するに、綜合と分割とは、この程度の騒ぎを起した事件なのである。そして敗戦後の日本の再建には、北海道の開発が残された少数のホープのうちで、筆頭に挙げらるべき問題である。一北海道の話ではなく、国家的の問題なのである。ところでこの国家的の大問題の中に、ひょっくり琵琶湖へ小便類似の話が顔を出したので、一寸愉快《ゆかい》であった。というのは、道庁方面で、分割に反対の理由の一つとして、薪の例をひいた記事が新聞に出たのである。

薪にばかり拘泥《こうでい》するようであるが、何でも燃料対策の緊急措置《そち》として国有林か何かを伐って、応急的に薪の配給を最近した例があるが、そういう思い切った施策は、綜合開発だから出来たのであるという話なのである。なるほどそういうふうに、臨機の措置をとって、活《い》きた政治が出来るものならば、綜合は大いに結構である。ところで一つ不思議なことは、せっかくのそういう臨機の措置が、人民にはちっとも響いてこないことである。その新聞記事を読んですぐ、細君にそういう配給があったのかときいてみたら、さあという返事である。何でも昨年中に、製材所から出る屑材《くずざい》の小さい束《たば》が二、三度配給があり、その他にそういえば細い薪が五本くらい配給があったことがありましたという。十何億円の予算の論拠として、五本の細薪が役に立つところが面白いのである。この場合十何億円とか五本とかいう数量だけを抜きにすれば、それは活きた政治ということになる。政治を活かすの殺すのというような立派な表現をしようとすると、数量的な言葉が邪魔になる場合が案外多いようである。だから一桁の割算のできないのは、数学の教育が悪いのではなく、修身の教育に罪があるのである。

念を入れるために、琵琶湖からの蒸発量を考えてみよう。綜合でなければ絶対駄目だというのは、政治家たちである。ところで昨年はその主張どおりの綜合開発であった。しかもその予算二億七千万円というのは、昨年の円価にしてみたら、相当莫大な金額で、恐らく一般国民の想像以上の額であろう。問題はその予算で為された仕事の量と質にある。残念ながらわれわれには、その内容が殆《ほと》んどわからない。六万町歩[9]とか十万町歩とか開墾して、何万戸かの戦災家族を入植させるという話があったが、それなどが主な事業ではなかったかと思われる。もしそうだとしたら、綜合開発というものは、たいへんなものである。

『百姓記』の著者吉田氏[10]の書かれたものによると、北海道の農耕地が一番広かったのは、昭和十二年であって、水田と畑との合計が約九十八万町歩という統計が出ている。それが戦争中労力不足等の原因でだんだん減って、北海道庁の農業生産計画に現われた耕地面積の統計では、昭和二十年度には、約七十六万町歩になっている。もしこの統計が正しいものとすると、二十二万町歩減っていることになる。土地が消えて無くなるわけはないから、一度開墾して耕作していない土地が、二十二万町歩あることになる。

もっともこの種の統計は、非常に杜撰《ずさん》なもので、かつ統計の目的によって手心が加えられ易《やす》いので、この数字をそのまま信用することは出来ない。しかし万更《まんざら》の嘘《うそ》でないことは確かであり、かつ不耕作地が案外沢山あることは事実である。民間の玄人《くろうと》筋は、それを少なくも十万町歩と見ているようである。表向きは二十二万町歩と出ているのであるから、それを十万町歩と見るのを、過大評価とはいえないであろう。

そうすると可笑しい話になる。十万町歩の耕地を作付しないで放っておいて、新しく別に五万町歩とか六万町歩とかを開墾し、それに一億円とか二億円とかいうような莫大な金を使うことになるからである。そんな馬鹿な話はあり得ないと思われるが、不耕作地のあることは事実であり、開墾に金を使っていることも事実であるから、どうも仕方がない。小便をしている間に、その三十万倍もの水が蒸発するのは怪《け》しからんと言ってみても、蒸発するのだから仕方がない。

X君のような男に言わせたら「不耕作地に作付しても拓殖費は出せないよ。作物は穫《と》れなくても開墾さえすれば、立派に助成金が出せるからな」と言うかもしれない。しかしまさかそんなことはあるまい。まあ考えられることは、不耕作地はあとの楽しみにとっておいて、この機会にさらに開墾をしておくのであろうという解釈である。悪い道楽ではないが、この道楽は効果があがらないくせに金がかかり過ぎるのが欠点である。事実効果はあまりあがっていないらしく、私の見聞の範囲内では、零に近いところがかなりあるようである。仕事の都合で一年近く始終通《かよ》っていたK村では、昨年度戦災者を十数家族入植させたが、一家族残して全部逃げて帰ったそうである。その近くのR村には、同僚の人の甥《おい》とかが、「騙《だま》されて」やって来た。七家族の団長として来たので責任があるからといって、私のところへも二度ばかり相談に来た。家も無ければ農具もないので、百姓家の馬小屋の片隅に寝泊りしながら、毎日食糧の闇《やみ》買いに走り廻《まわ》っているという話であった。「都会の奴らが来たら、裸にして追い返してやる」と威張っている百姓たちからは、東京の闇値くらいは充分しぼられる。「皆三千円から五千円くらいの金は持って来たのですが、それももう殆んど残っていません。それに農具といっても七家族全体に鍬《くわ》一梃《ちょう》と鎌《かま》一本だけしか配給してもらえないので、どうにも先の見込みが立てられないものですから」ということであった。

北海道の百姓にも手のつかぬ熊笹《くまざさ》の荒地を、東京の人間に素手《すで》で開墾させようというのは無理である。生爪を全部はがしても、三尺四方とは開墾出来まい。幸い村役場の人に知合いがあったので、きいてみたら「道庁から何の予告も準備もなく、入植者を送って来るので、村としては気の毒だが、何とも出来ない事情だ」と教えてくれた。そしてもう何カ月とかの間我慢していると、補助金が下《さが》るという話で、皆がそれを待っていた。結局ここも一家族残して全部が引き揚げてしまった。

こういう例は、少し極端な例かもしれないし、それに少し誇張があったのかもしれないが、大体昨年の「綜合開発」はこの程度に終ったところが相当あるようである。蒸発量が三十万倍という話は、笑い話ばかりではないらしい。われわれ勤労者の税金が、こういうふうに蒸発してしまっては、あまり有難くない。もっともこういう開墾の他に、われわれの知らない素晴らしい開発事業が、極秘のうちに進行しているのなら、結構な話である。

防空用の砂は笑話である。円山の原始林の話ならば、苦笑ですまし得る。北海道の開発は国家的の問題としても、まだ眉《まゆ》をひそめるくらいで我慢出来るかもしれない。しかし今度のインフレ対策に、もし琵琶湖に小便の政策がはいり込んだら、これは冗談ごとではない。為政者や政治家が、一桁の算術を忘れられないように、切に望んでやまない。

（一九四七年　四七歳）

茶碗の曲線 ——茶道精進のある友人に

もう二十年以上も昔の話であるが、考古学を専攻していた私の弟(1)が、東大の人類学教室で、土器の研究をしていたことがある。

その頃は、まだ今日のように、土器の型式による分類などは、ほとんど出来ていなかった。弟はその分類の仕事にとりかかって、何か科学的な分類法がないかと、いろいろ考えていた。土器の形は、個々の標本では、もちろんそれぞれ著《いちじる》しく異《こと》るが、特定の地域から出るある時代と推定される土器をたくさん集めて、全体として見ると、その間に共通した一定の型式がある。それによって、何々式という名前が与えられ、大まかな分類がなされていたのである。

こういう分類の方法は、土器と限らず、いわゆる美術骨董《こっとう》品などの鑑定には、度々《たびたび》用いられているやり方である。たとえば、鍍金仏《ときんぶつ》などを専門家が一眼見て、これは六朝《りくちょう》(2)だとか、もう少し旧《ふる》いとかいうようなことをいうのは、皆この型式を見るわけである。仏像とか、絵とか、道具とかいうものは、形が非常に複雑であり、その上色だの、材質だのが、変化無限であるから、科学の方でやっているような簡単で明瞭《めいりょう》な分類というものは到底《とうてい》出来そうもない。その点、土器は形も簡単であり、色や材質の差も少ないので、こういう研究目的には、恰好《かっこう》の材料である。

ここで科学的の分類という言葉の意味を、ちょっと説明しておく必要がある。科学的というのは、普遍的な客観性をもつということである。といっても何もむつかしいことではなく、特定な人でなく、誰《だれ》にも分るという意味である。

ものには量と質とがあって、たいていの場合、量の方が質よりも分りよい。二つ茶碗を並べた場合、大小は誰にも分りまた議論の余地もないが、どっちが旧いとか、枯れているとかいうようなこと、即《すなわ》ち質の問題は専門家でないと分らない。土器の型式というようなものも、もちろん質的な話であって、量的ではない。従って専門家でないと分らない。もし専門家の間に異説があれば、いずれが正しいかを決定することは困難なので、いわゆる権威の説に従うより仕方がない。

それで、こういう場合には科学的な分類を試みるとして、一番本格的なやり方は、何か量的な表わし方、即ち数字か数式かで、いわゆる型式なる「質」を決められないかという研究をしてみることである。壺《つぼ》や茶碗のようなものが一番分りよいのであるが、何となくどっしりとしているとか、素朴な味があるとか、優美な形をしているとかいうのは、壺なり茶碗なりの外形をなしている曲線が、それぞれ何か特定の法則に適《かな》うような形をしているからであろう。陶器や磁器では、色とか艶《つや》とかいうものも一役買うであろうから、話は少し厄介《やっかい》になるが、土器の場合ならば、一応は形、即ち曲線の性質だけで、何かの法則が出てきそうである。

弟はこういう見込みで、いろいろな土器についてその形を精密に測り、切断面に相当する曲線をたくさん作っていた。土器の形はみなちがうのであるから、この曲線は、もちろんいろいろな形をしている。しかし一つの型に属する土器の曲線には、何となく互いに似たところがあり、何か一定の法則がありそうに見える。この法則を巧《うま》く数学的に表現することが出来れば、目的は達せられるはずである。

それでいろいろな方法で、この曲線の分析を試みてみた。一番簡単なのは、各点の彎曲率《わんきょくりつ》(3)を測って、その値が壺の上から下までの間に、どういう変化をしているかを調べてみることである。彎曲率がどこも一定ならば、曲線は円である。上の方が小さく、下の方が大きければ、下ぶくれの形になる。凹《くぼ》んでいる部分は、彎曲率を負にとればよいのでその凹み方も、負の値の大小できまる。こういう風に考えてみると、彎曲率の分布状態で、いわゆる型が表現されそうである。

もっとも分布状態という言葉には、実は少し誤魔化《ごまか》しがあるので、状態というからには、それ自身がまた一つの曲線になる。それでは初めから壺の曲線そのものを見るのと、同じことになるのではないかという疑問も起きる。しかし彎曲率の分布という形に変えて見ると、曲り方の変化、即ち曲線の性質が、明瞭に現われて来る。それで初めの曲線そのものを見たのでは分らなかった微妙なちがいが、はっきり出て来るはずである。話はたいへん巧いのであるが、これを実際にやってみると、このやり方には非常な困難があることがすぐ分った。

どんな曲線でも、ある狭い範囲をとってみると、その部分だけならば、円の一部と見られる。その円の半径の逆数が、その部分の彎曲率である。それで曲線をたくさんの部分にわけて、各部分を代表する円の半径を、次ぎ次ぎと測って行けばよいわけである。しかし厄介なことには、この場合半径がなかなか決めにくいのである。円周のごく一部を測って、その円の半径を出すのだから、ごく僅《わず》かな測定の誤差があっても、半径従って彎曲率は、ひどくちがってくる。例えば、曲線を描いている鉛筆の線の幅ですらもう問題になる。それで、この数学的分析をしようとすると、初めの曲線をよほど正確に描いておかなければならない。即ち形をきめるための測定を、非常に精密に行なう必要がある。

ところが相手は土器であるから、そういう精密な測定はどうにもしようがない。表面はもちろんでこぼこしているし、また全体として歪《ゆが》んでもいる。それであまり精密に測ると、偏差《へんさ》が大きく効いてきて、かえって本当の形から離れた曲線が出来てしまう。例えばある方向から見た壺の曲線と、少しちがった方向から見た曲線とは、大まかに見れば大体同じであるが、精密な測定をしてみると、かなりちがっている。それで数学的な分析が出来るほどの精《くわ》しい測定をすると、特定な壺の形を示す曲線が、何十本と出てくることになる。そのうちどれを採ったら、この型式の特徴が巧く現われてくるか、それすら分らない。

弟は大分苦しんでいたらしいが、研究がまとまらないうちに巴里《パリ》へ行くことになり、向うで病気をして、帰って間もなく死んでしまった。それで土器の形の数学的考察という一風変ったこの研究は、到頭陽《とうとうひ》の目を見ずにそれ切りになってしまった。

今から考えてみると、これはずいぶん大胆不敵な研究にとりかかったものである。もしこれが出来上ったら、ある時代にある民族または部落民が持っていた精神文化を数学的に規定出来ることになる。そんなことが易々《やすやす》と出来るはずがない。しかし不思議なことには、そういう分析などはしないで、唯《ただ》の眼で見れば、その型式が一眼で分ってしまう。何か差異があるからにちがいない。眼で見ればすぐ分るくらいの差異が、精密な測定をすればかえって分らなくなるというのは、いかにも妙な話である。

もっともそういうことは、何も土器の型ばかりの話ではない。木の形なども同じことである。葉の落ちた木を少し離れて見た場合、梅か桜か楓《かえで》かということは、枝振りですぐ分る。枝振りは、一個所《かしょ》から出る小枝の数とその角度、それに次ぎの小枝までの距離で決る。ところが同じ梅といっても、木によっていろいろ枝の分岐状態はちがう。

また一本の梅の木についても、各枝によって差があり、また下から梢《こずえ》の方へ行くに従って変化している。それで同じく梅の木といっても、枝振りは千差万別である。しかし木全体として見ると、やはり梅は梅の枝振りをしていることは誰でも知っているとおりである。

部分々々を見ると、ひどく変化があって、なんら法則らしいものは見つからないが、全体としてみると、一定の型式がある。そういう現象は、世の中にはいくらもある。土器の型や、木の枝振りなどは、ほんの一例に過ぎない。乾いた田圃《たんぼ》の割れ目なども、一眼に見渡すと、いかにも規則正しく亀甲《きっこう》状に割れている。しかし実際に一つ一つの割れた部分を見ると、六角形にはなっていないし、また割れ目の角度なども、まちまちである。だからこういう現象を、克明《こくめい》に数学的に分析をしても、われわれが直接に感ずる「一面に綺麗《きれい》に割れている」感じは、法則としては出て来ない。

感じとしては簡単に捕えられる法則が、今日これほど発達した科学の力をもってしても、なお捕え得ないというのは、きわめて変な話である。しかしそれは何も科学の無力を示すものではなく、現代の科学とは場ちがいの問題であるからである。今日の科学は、その基礎が分析にあるので、分析によって本質が変化しないものでないと、取扱えないのである。分析によって本質が変らないものならば一応分析をして、それをまた綜合《そうごう》することに意味がある。全体としてはある感じをもっているが、分析して一部を見ると、その部分には本質的に前の感じの基礎になるものが存在しない。そういう問題は、今日の科学では苦手の問題なのである。その一番良い例は生命現象であろう。人体を構成している細胞の蛋白質《たんぱくしつ》の秘密が、窮極《きゅうきょく》のところまで分っても、生命そのものは、現在の科学の方法をもってしては、永久に分らない。と少なくも私はそういう風に思っている。

もっとも、個々の現象は複雑無限であって、その機巧《きこう》は到底わからないが、そういう現象が非常にたくさん重り合って、全体として一つの現象を示すことがある。そしてそこに全体としてある法則が存在する場合には、それを取扱う科学の分野はある。統計の学問が即ちそれである。個人個人の死は予言出来ないが、国民全体としては、死亡率と年齢との関係がちゃんと存在している。その法則を知って初めて、生命保険業の経営が出来るわけである。

しかしこの場合は、数が非常に多くなくては駄目なので、例えば百人くらいの会員では、生命保険の理論はあてはまらない。この頃流行の推計学では、少数例の統計的研究法を盛んに論じているが、これもけっきょくは、大略の確率が出せるだけで、止《や》むを得ない場合にのみ使うべきである。

けっきょくのところ、枝振りの特異さとか、茶碗の曲線の味とかいうものは、科学の対象にはならないもののようである。厳密にいえば、科学的な方法で、その本態を捕えようという試みは、不可能ではないが、悧巧《りこう》な方法ではない。その点だけは確かである。もっとも科学的方法、即ち分析と綜合とによってある結果が得られれば、それには一般性があるので、次ぎの進歩に役立つ。今日科学がこのように発達したのは、この特徴を巧く活《い》かしたからである。しかしそれが人間の幸福に本当に寄与したか否《いな》かは、また別の問題である。

枝振りをただ見て、その全体としての特徴を感じただけでは学問にはならない。しかしそれが人生に全然役に立たないとはいわれない。少し奇矯《ききょう》な例であるが、山奥で道に迷った時、ある木を見て、これは人工の加わった枝振りだと知って、その方向に歩いて助《たすか》ったとする。学問にはならなくても助る方がよい。これはいささかこじつけの議論であるが、この中になんらかの真理はありそうである。科学の発達は、原子爆弾や水素爆弾を作る。それで何百万人とかいう無辜《むこ》の人間が殺されるようなことが、もし将来この地球上に起ったと仮定した場合、それは政治の責任で、科学の責任ではないという人もあろう。しかし私は、それは科学の責任だと思う。作らなければ、決して使えないからである。

枝振りの嘆賞《たんしょう》や、茶碗の味を愛惜《あいせき》する心は、科学には無縁の話としておいた方がよいように思われる。あまり役には立たないが、そのかわり害もない。茶道などが、今日の科学文明の世になっても依然として生命があるのは、科学とは無縁であるからである。そのうちに科学的茶道などというものが生まれてくるかもしれないが、そんなものはすぐ消えてしまうべき運命のものである。茶道は、科学などに超然としておれば永久に生命があるであろう。

(一九五一年　五一歳)

イグアノドンの唄《うた》——大人のための童話

カインの末裔《まつえい》の土地

終戦の年の北海道は、十何年ぶりの冷害に見舞われ、米は五分作か六分作という惨《みじ》めさであった。豊作でさえ米の足りない北海道のことであるから、この年の冬は、誰《だれ》も彼も皆深刻な食糧危機におびやかされた。

それにこの冬は、例年にない珍しい大雪であった。毎日のように、暗い空からは、とめどもなく粉雪が降りつづき、それが人々の生活の上に重苦しくおおいかぶさっていた。この雪に埋《うず》もれた不安な生活の上に、陰鬱《いんうつ》な日々がただ明け暮れて行くのを、じっと我慢して春を待つより仕方がなかった。

私たち一家は、この冬を、羊蹄《ようてい》(1)山麓の疎開《そかい》先で送った。ここは有島さんの『カインの末裔(2)』

の土地であって、北海道の中でも、とくに吹雪《ふぶき》の恐ろしいところである。「吹きつける雪のためにへし折られる枯枝がややともすると投槍《なげやり》のやうに襲つて来た。吹きまく風にもまれて木と云ふ木は魔女の髪のやうに乱れ狂つた」というのは、有島さんの有名な描写である。この荒《こう》涼《りょう》たる吹雪の景色は、今日も少しも変らない。そしてこの無慈悲《むじひ》な自然の力に虐《しいた》げられている人間の姿もまた、往年の名残りを止《とど》めている。

終戦の年の冬は、この自然の猛威の外《ほか》に、今一つ食糧危機という恐ろしい脅威《きょうい》が加わっていた。見渡す限りの土地は雪に埋れている。吹雪の日には、雪までも白くはなく、死んだような灰色である。葉の落ちた闊葉樹《かつようじゅ》はもちろんのこと、雪に蔽《おお》われた針葉樹にも、緑の色は全然見られない。この一点の緑もない世界、満目唯《まんもくただ》灰色一色の世界では、食糧の不安感が、ひしひしと人の心に迫る。「雪が解けて、たらの芽でも何でも、青いものが出てくるようになれば」と、人々は遠い春をはるかに望んで、力弱い溜息《ためいき》をもらす。

北海道の長い冬休みを、子供たちとこの疎開先で過《す》ごした。遊び道具も本もない疎開先の生活で、とくに連日の吹雪の夜など、子供たちはよく私に話をせがんだ。幸い薪《まき》だけは豊富にあったので、どんどんストーヴにくべて、その周囲に皆が寄りそっていた。勢いよく燃える薪の音が、戸外の激しい風の叫《さけ》びをわずかに押えて、生命の営みを辛うじて表象しているというような夜が、毎晩つづいた。電灯はもちろんうす暗かった。凄《すさま》じい風の音につつまれながら、それは妙に気の滅入《めい》る沈黙の世界であった。

失われた世界

子供たちは、もう浦島太郎の時代をとっくに過ぎていたので、話といっても、そう種はなかった。それに本も手近かにはないので、すぐ話の種につまって、大いに弱らせられていた。ところがどうしたはずみか、荷物を片づけているうちに、妙な本が一冊ころがり出てきた。コナン・ドイルの『失われた世界《ロスト・ワールド》』(3)の廉価《れんか》本である。

これはもう二十年も前に、倫敦《ロンドン》でディーケ博士から貰《もら》った本である。オランダの理論物理学者であるが、理研(4)でしばらく一緒にいたことがあるので、その後も親しくしていた。そのディーケが倫敦の学会へやってきた時、ホテルのロビィでこれを読んでいた。そして別れしなに、丁度《ちょうど》読み終ったこの本を、私に残していってくれたのである。その時はすぐ読んでみて、たいへん面白かったのであるが、それなりに忘れてしまっていた。それが二十年の後に、敗戦後の北海道の僻地《へきち》で、わずかな疎開荷物の中から、ひょっくり現われたのである。

これはまことに大助りであった。南米アマゾンの秘境、人界から遠く隔絶された「失われた世界」に、ジュラ紀(5)時代から生き残っている巨大爬虫《はちゅう》類が棲《す》んでいる世界がある。その秘密を求めて、英国の科学者たちが、敢然《かんぜん》魔境に踏み入って行く。この「探検記」こそは、カインの末裔の土地で、連夜の吹雪にとじこめられている敗戦国の子供たちにとっては、何よりの贈り物であった。

「この本は、英国のチャレンジャー教授という先生が、南米のアマゾン河のずっと上流のところ、もちろん人間など一度も行ったことのない秘密の世界なんだが、そこへ探検に行った時の報告なんだ。古代の恐ろしい竜だの、怪獣だのがそこに本当にいたんだよ。いつか雑誌で見たでしょう。ディノザウルス(恐竜)なんていう竜の中には、このおうちの三倍くらいもある大怪物もいたんだが、それがのそっのそっと歩いていてね。イグアノドン(6)なんていうのもいたんだよ。ああいう竜は、ジュラ紀といって、一億年以上も昔の時代には、たくさんいたことがよく分っているんだ。化石になって残っているからね。それが今でも生きていて、そういう古代の生物ばかり住んでいる世界が、アマゾン河の上流にはあるんだ。どうだ、今夜からこの本を一節ずつ読んでやろうか」というと、もちろん子供たちは、歓声をあげた。

まだ小学校へ行っている下の男の子などは、もうそれだけで、すっかり上気してしまった。頰《ほほ》を赤くしながら、眼を輝かせて、「本当？　本当？」と、覗《のぞ》き込む。もちろん小説であるから、写真や図などはない。幸い秘境に到《いた》る道順を描いたスケッチ地図が、一枚だけついていたので、それを説明してやると、この方は簡単に承服してしまった。

「これが断崖《だんがい》だよ。低いところで千尺(7)、高いところは三千尺もある。真直《まっすぐ》につき立った岩壁でずっと囲まれているんで、この崖《がけ》の上は、外の世界からすっかり切り離されているんだ。だからこういうところに、古代の生物が生き残っていても、誰も知らなかったわけだよ。もっともこの断崖へ行くまでが、たいへんなんだ。これがアマゾン河の上流で、ここだって普通の船は行かないところなんだ。これからこの支流を小さい丸木舟でのぼって行くんだが、もちろん普通の人間は誰も行ったことのないところさ。それでもこの辺までは、まだ人食人種がところどころにいてね、道など一本もない恐ろしい密林の奥から、首切りの祭の太鼓《たいこ》の音が、かすかに聞えてくることもあったのさ。しかしこの細くなっているところね、これから先は、カヌーも行けなくなるんで、みんなで荷物をせおって歩いて行ったんだよ。もうここまでくると、人食人種だっていなくなって、人間なんて、全然いないところになっちゃうのさ。ほらここに印をつけてあるだろう。ここで初めてプテロダクティル(8)を見たんだよ。プテロダクティルって、翼のある竜なんだ。戦闘機くらいもあるかな」。

ここらあたりで、下の子供はもうすっかり興奮してしまって、すうすうと寝息のような息をしている。そして眼を光らせながら、身動きもしない。二番目の娘(9)も「本当らしいわ。よくそんな本があったね」という。唯一人、もう女学校にはいっていた長女(10)だけが、なかなか承知しない。「小説でしょう。小説みたいな本じゃないの」と、英語が分りもしないくせに、生意気《なまいき》なことをいう。

科学の素晴しい進歩によって、人間はもう地球上のことは、何もかも知り尽くしたように思っている。しかしまだ何が隠されているか知れたものではない。ロスト・ワールドの恐竜や翼《よく》肢竜《しりゆう》こそは、流石《さすが》にその現存の可能性は考えられないが、それに類する事件は、近代になっても、時々実際に起っている。少し昔の話でよければ、南米の海岸に、牛くらいの大きさの動物で、脚が六本ある怪物の屍体《したい》が、漂着《ひようちやく》したことがある。大部分腐《くさ》っていたので、その詳細な記録は残っていないが、そういう怪物が、まだ神秘の大洋のどこかで、ひそかに棲息《せいそく》しているのかもしれないと考えた方が、かえって科学の心に通ずるであろう。

一億年前の怪魚

『コンティキ号漂流記』の著者(11)は、まことに巧《うま》いことをいっている。古代インカ帝国の住民が使っていたのと、全く同じ筏《いかだ》を造って、この若い探検家は、南米からタヒチ島の近くまで(12)、自分で漂流をしてみたのである。そして南太平洋の大洋の真中で、いろいろ不思議な生物に遭遇《そうぐう》している。

近代の文明人は、大きいそして強力な汽船を造って、即《すなわ》ち科学の巨大な力を利用して、七洋を隈《くま》なく調べつくしているが、唯一つ大切なことを忘れている。それはそういう立派な汽船は、船体も大きくまたスクリューの音も大きいということである。近代の探検船では遭遇しなかった怪物を、筏の漂流《ひょうりゅう》者が目撃することがあっても、別に不思議ではない。海面すれすれのところに、じっと坐《すわ》り込んで、二か月以上も潮流と風だけに送られて、あの広大な太平洋の真中を漂ってみた人は外にはいない。そういう人間だけにその姿を見せる怪異な生物がいたとしても、別に不思議ではない。この漂流者は若い考古学者であって、小説家ではない。しかもこの冒険は、今度の大戦後に行なわれた、ごく最近の話である。

海はあまりにも広く、船が通るところは、その極めて僅《わず》かな部分にすぎない。しかもわれわれの知識は、海面からごく近いところの水中だけに限られている。深海探測といっても、調べ得るところは、海の面積から見たら問題にならない。大洋の唯中、その深所には、何が棲んでいるか、人間の想像の及ぶところではない。その一番良い例としては、先年南アフリカの海底から、少なくも五千万年以上、多分一億年くらいの太古の怪魚が、本当に生きた姿で出現した異常な事件を挙げるべきであろう。

それは昭和十三年十二月二十二日のことであった。即ち日華事変が最高潮に達していた頃の話である。英領南アフリカ喜望峰《きぼうほう》の近くに、東倫敦《イースト・ロンドン》という小さい漁港がある。その西方数マイルの海底から、トロール網にかかって、不思議な魚(13)が揚《あが》ってきた。全体長一メートル半、目方七十五キログラムの大きい魚で、全身は青色に輝いた金属光沢《こうたく》を帯び、魚体は脂《あぶら》ぎってぴかぴか光っていた。頭は西洋兜《かぶと》のような形をし、胸及び腹の鰭《ひれ》は、赤児《あかご》の腕の先に羽がついたような怪異な恰好《かっこう》になっている。さらに著《いちじる》しい特徴は、脊柱《せきちゅう》がずっと尾鰭の真中をつき抜けて伸び出ていることである。如何《いか》にも古色蒼然《こしょくそうぜん》として、一見古代生物の異風をそなえた曲者《くせもの》であった。この怪魚こそは、中生代の白堊紀《はくあき》(14)、即ち少なくも五千万年以上の太古において、既《すで》に地球上からその姿を消していた、総鰭魚《そうききぎょ》類の空棘魚《くうきょくぎょ》科に属する化石魚であったのである。

この種類の化石魚は、古代生物としても、非常に古いもので、巨大爬虫類のディノザウルスなどが、その怪異な姿を見せていた時代、即ちジュラ紀よりも、さらに一億年近い太古において、既に地球上に出現していたものである。最初にこの魚類の化石の現われるのは、古生代のデヴォン紀(15)であって、それは現在の知識では、現代から、二、三億年も昔のことと推定されている。それからずっとこの異魚は、たいした体形の変化もなく、中生代末の白堊紀即ち、ジュラ紀の次の時代まで、太古の海中に種属の繁栄《はんえい》をつづけてきた。そして巨大爬虫類の怪物たちが、地球上からその姿を消した次の時代には、この魚たちも完全に絶滅してしまったのである。少なくも昭和十三年の十二月二十二日までは、そう信ぜられてきていた。

ところがその五千万年ないし一億年以前の魚が、突如として南アの一角に出現し、暫時《ざんじ》ではあったが、現にこの太陽の光の下で、その生命を見せてくれたのであるから、この方面の専門学者たちはもちろんのこと、世界中の人々をあっと驚かせたのも、当然のことである。当時この話は日本の新聞にも載り、また翌年の『科学』には、詳《くわ》しい紹介がなされた。それは匿名《とくめい》の紹介であったが、原著よりも分りよい立派なものであった。しかし丁度その時期は、漢口陥落《かんこうかんらく》の提灯《ちょうちん》行列を過ぎて間もない頃であった。日本人の大多数は、南アフリカで獲《と》れた奇魚などに、かかわりあってはいられなかった。

この話は、コナン・ドイルとはちがって、本当の話である。その標本は、漁獲後間もなく東倫敦博物館の主事ラチマー女史(16)の手許《てもと》に送られた。同女史はこの方面の専門家ではなかったが、その怪魚の異風に驚き、標本のスケッチに簡単な説明をつけて、グラハムスタウンの大学のスミス博士(17)に手紙で報告した。ところが時偶々《たまたま》クリスマスの季節にあたったために、手紙の配達がおくれ、僅か四百マイルを隔てたスミス博士の手に入るまでに、十日以上の日子《にっし》を要した。そしてことの重大さに驚愕《きょうがく》したスミス博士が、折返し電話で連絡した時には、残念ながら、魚体は既に腐敗《ふはい》し、外形だけが剝製《はくせい》となって残っていたのである。それでも確かに五千万年以上の昔に絶滅したはずの空棘魚であることは、確認されたのであるが、学問的に最も重要な部分、即ち内臓その他の軟体部分は、遂に神秘のヴェールの彼方《かなた》に隠されたまま、闇から闇に葬り去られたのである。

　世界中のこの方面の学者たちは、スミス博士の第一報を、英国の科学専門雑誌ネーチュア誌上で知って、驚愕と歓喜《かんき》との念に打たれ、この発見を「今世紀における動物学界随一の大収穫」とした。まさに文字どおりの奇蹟《きせき》であったのである。この発見の意義が、あまりにも大きかっただけに、その重要部分の喪失《そうしつ》は、甚《はなはだ》しい失望感をもって迎えられた。その詳細を記述したスミス博士の第二報が、同じくネーチュア誌上に出た時は、世界各国の学者から、激越な批判の手紙がたくさんきたそうである。これは突如冥界《めいかい》からの通信に接して驚愕した人間が、いざ話しかけようとした時に、その通信が切れたような感じである。惜《お》しいといえば惜しいが、またそれでよいのだという気もする。それほどの異常事件なのである。

ロスト・ワールドの話の前置きとしては、この「化石魚の蘇生」の話ぐらい巧い話は、ちょっと他に類がないであろう。それで第一夜は、子供たちにこの現世化石魚の話をすることにした。ストーヴに薪を追加しながら、南アフリカの海底から突如として出現した、五千万年ないし一億年前の太古の怪魚の話を聞いている子供たちは、戸外の吹雪も、乏《とぼ》しい食糧のことも、すっかり忘れたようであった。

幸いこの詳しい紹介の載っている『科学』が手許にあったので、一通り話をしたところで、写真を見せてやった。剝製にされた怪魚の写真と、ジュラ紀の空棘魚の復原図とを並べたところを見ると、両者は全く一致している。これには流石の長女もいささか驚いたようであった。

復原図の方が、もちろんこの現世空棘魚の出現以前に描かれていたものである。化石として残るのは、たいてい硬骨部分の一部と、その他の部分のかすかな痕跡《こんせき》とである。そういう断片的な材料をもとにして、化石学者たちは、原体制の復原という困難な仕事をなしとげる。それはいわば「小説」をつくるのである。しかしこの場合は、その「小説」にぴったりとあった生きた証拠が出てきたのであるから、その点だけでもまさに驚くべきことである。「ほんとにねえ」と、最後に長女が陥落する。これでロスト・ワールドの話に、安心してはいっていけるわけである。

アマゾンの秘境

この「探検記」は、チャレンジャー教授の探検隊に参加したデイリー・ガゼットの記者マローン君の手記から成っている。チャレンジャー教授は、癇癪《かんしやく》持ちで、人間嫌いで、時々狂暴性を発揮する人物である。学界からも倫敦《ロンドン》人からもひどく嫌われているが、動物学者としては、独創的な考えを持ち、かつ甚だ実行力に富んだ人である。そのチャレンジャー教授は、かつて単身南米アマゾン上流の秘境を探検したことがある。アマゾンの上流は、たくさんの支流に分れていて、その中には、まだ白人の足を踏み入れたことのない支流がいくつも残されている。

チャレンジャー教授は、カヌーに乗って、その支流の一つを遡航《そこう》した。そしてインディアンの部落で、丁度今息を引きとったばかりの白人の遺骸にあう。その僅かな遺品を整理して、この白人は、アメリカのデトロイトの市民ホワイトという人であることを知る。画家でありかつ詩人であるこのホワイト君は、アメリカの物質文化に飽《あ》き果てた挙句、新しい霊感を求めて、アマゾンの秘境を放浪していた男であるらしい。「疲れ切った姿で、クルプリの棲む密林の方から、さまよい出てきて、部落にたどりついた途端に倒れた」という以外には、この男のことは何も分らない。クルプリというのは、南米インディアンの間に広く行き渡っている伝説で、山の精を意味する。この山の精に遭《あ》った人は、再び生きて人間の社会には戻れないと、昔から確《かた》く信ぜられていたのである。

ホワイト君は、死ぬまで肌身はなさず、一冊の写生帳を持っていた。ぼろぼろになったジャケットの下から出てきたこの写生帳が、話の発端である。その中には、いろいろな写生があるが、終りの方に、平原の彼方に、切り立った断崖に縁どられた高台の絵がある。そしてその次に、巨大な怪物の写生があって、それでおしまいになっている。そしてそれはジュラ紀の恐竜の一種ステゴザウルス(18)そのままの姿なのである。

初めてチャレンジャー教授を訪れた時、マローン君は、この写生帳を見せられる。そしてランケスター氏の著書に出ているステゴザウルスの復原図とくらべて見て、両者が完全に一致していることにひどく驚いたのである。これが始りで、いろいろな経緯の末、けっきょくチャレンジャー教授を首班とする探検隊が、この失われた世界に出かけ、ステゴザウルスやイグアノドンの生きた姿を見ることになるわけである。南アフリカにおける現世空棘魚の発見の話は、このコナン・ドイルの小説を、まさに地で行ったものといえよう。

昨年の暮、英国のエヴェレスト遠征隊が、ヒマラヤで奇怪な人獣の足跡を発見したという記事が、一時新聞紙上を賑《にぎ》わしたことがあった。その時、食卓の話題に上《のぼ》ったのは、この五年前のロスト・ワールドの話である。もう大きくなった子供たちには、「おやじさんの嘘」もすっかりばれてしまっていたが、人界を遠く離れた、アマゾンの秘境が持つ特異の妖《あや》しい美しさは、依然として頭の底に残っていたらしい。「ほら、あの失われた世界への入口のところ、カヌーがもう行けなくなるあたりね。あの細い川のところ、あそことても綺麗《きれい》だったわ」といい出したのは、そんなことなどとても憶《おぼ》えていそうもない二女であった。

探検隊を乗せた二隻《せき》のカヌーは、隠された細流の入口に達する。浅黄色の葦《あし》が一面に生《お》い茂った葦叢《あしむら》の中を、数百ヤードばかり無理にカヌーを押して行くと、突如として、静かな浅い流れに出る。水は驚くほど透明で底は美しい砂になっている。川幅は二十ヤードくらいの狭い流れであって、両岸の植物は、自然の豪奢《ごうしゃ》の限りを見せている。それはまさに仙境であり、これこそ失われた世界への入口なのである。繁《しげ》り誇《ほこ》った熱帯の草木は、水面の上に生いかぶさって、自然の天蓋《てんがい》を作り、緑の葉をとおしてくる黄金色の日光は、黄昏《たそがれ》を思わせる美しさである。その青緑のトンネルの下を、緑の静かな流れが行く。流れの美しさは、樹間を洩《も》れる光によって異常な色調を帯び、不思議な美しさを呈《てい》している。その輝く水面の上を、カヌーの一櫂毎《かいごと》に、数千の漣《さざなみ》が伝わってゆく。それは神秘の国への通路として、まことに適《ふさ》わしいものであった。

コナン・ドイルもこのあたりの描写には大分馬力をかけているようである。どうも御本人自身が、ロスト・ワールドにあこがれているらしいところが大いにある。彼は、いつまでも童心を失わなかった人なのであろう。子供というものは、魚粉と稲茎《いながら》の粉とのまじった団子を食ったことは忘れるが、そのとき聞いたアマゾンの秘境の情景は、なかなか忘れないものである。

ヒマラヤの人獣の足跡

もっともすべての大人にも、多かれ少なかれ、この童心は残っている。ヒマラヤの怪巨人にしても、何も今度突然出現した話ではない。昭和十一年に、立教大学のナンダ・コット登攀《とうはん》隊が、印度《インド》に遠征した時にも、たいへんな騒ぎが起きていたそうである。ヒマラヤ山麓《さんろく》の村に、身の丈《たけ》四十フィートの怪物が現われ、土地の住民はもとより、全印度人の間に大評判になっていた。この怪物は、汽車をまたいだり、大きい樹木を踏み倒したり、婦女子を気絶させたり、散々あばれ廻《まわ》った挙句、再び山中深くその姿を消してしまった。その時足跡が残されたのであるが、それは長さ二十二インチ、幅十一インチもある巨大なもので、人間の足跡に似た形であったという。

ヒマラヤの山中に巨人かゴリラか分らない怪物が棲んでいるという伝説は、土地の人たちばかりでなく、印度人の中でも信じている人がかなりある。昨年のエヴェレスト登山隊長シプトン氏[19]の手記によると、ヒマラヤの住人たちは、この怪人をヤティ[20]（縁起の悪い雪男）と呼んでいるそうである。シプトン氏の案内人の一人は、二年前にこのヤティに遭ったといっているが、それは半人半獣の怪物で、背丈は五フィート六インチくらい、全身赤味がかった栗色の毛で蔽われていたが、顔だけは毛がなかったという話である。

シプトン氏が写真に撮った奇怪な足跡を、動物学者たちは、ラングール猿[21]だと鑑定したが、シプトン氏は大分不服のようである。朝日新聞に連載された氏の手記の中から、これに関係した部分を抜萃《ばっすい》してみるのも、興味あることであろう。この足跡を発見したのは、昨年の十一月八日のことで、エヴェレストに近いメンルンツェ[22]の氷河の上である。「われわれは午後三時半、峠《とうげ》の向う側の氷河に達し、南西の方向に下って行った。丁度午後四時、行く手の雪の上に奇妙な足跡を発見した」「奇怪な生物は少なくとも二頭以上が打ち連れて通ったことが、入り乱れた足跡によって確認された。その大きさはわれわれの山靴の跡よりは幾分《いくぶん》長く、幅は非常に広かった。詳しく調べると、三本の幅広い足指と、別に横に張り出した大きな親指とが認められた。われわれはその足跡を追って一マイルあまり氷河を降《くだ》ったが、氷がモレイン[23]に蔽われた場所で、はっきりと切れていた」。

この足跡は、写真撮影もされ、また観察者がちゃんとした人だけに、汽車をまたいだ怪巨人の話とは少しちがった意味がある。従って動物学者たちも、放っておくわけにはいかない。鑑定の結果、ラングール猿ということになったのであるが、これに対するシプトン氏の反対意見には、もっともなところがある。

第一に、ラングール猿は菜食動物であるが、高度一万九千フィートの氷河の上で、植物は何があるのだろうか。肉食動物ならば、氷河の下部にはモルモットもチベット鼠も棲んでいるので、それらを常食として生きていけるが、菜食動物は、こういうところでは、生存し得ないはずである。

第二に、ラングール猿の足形は、どんなに大きいものでも、長さ八インチを越えるものは、今まで知られていない。ところが問題の足跡は、十二インチ以上と実測されている。もっとも多くの足跡は形が崩れているので、雪解けのために、幾分大きくなったと考えられる。しかし氷河の氷の上に積っていた雪は、きわめて薄く、かつ足形がはっきり残っていたところから見て、雪が解けて大きくなったとしても、大したちがいはないはずである。それでこの怪物は、既知のラングール猿よりは、遥かに大きい生物にちがいない。

この議論の当否は、ここで論議すべき問題でない。唯一つ確かなことは、シプトン氏が「私はこの問題については門外漢で、嘴《くちばし》を入れる筋合のものではないが」動物学者の鑑定には異論があると言った、そのこと自身の中に、彼の童心が認められる点である。

ヒマラヤでは、この前年、即ち一昨年にも、アッサム州(24)の密林《ジャングル》の中に、体長九十フィート、身丈け二十フィートの怪獣が出現して、住民を震え上らせたという話がある。体長九十フィートのこの怪物は、ジュラ紀の恐竜《ディノザウルス》に似た形をしていたといわれている。ロスト・ワールドの夢は、原子力の世界にも、なおその生命を保っているのである。

イグアノドンの唄

ロスト・ワールドの話の中で、一番子供たちに人気のあったのは、大きいくせにおとなしいイグアノドンであった。このジュラ紀の菜食性巨大爬虫類を、コナン・ドイルは原始人類の家畜となし、象の皮膚《ひふ》のようなその皮の上に、粘土《ねんど》のマークをつけさせた。それを地質年代の錯《さく》誤《ご》と早まってはいけないので、同じ時代の空棘魚が、喜望峰州の住民と、先年ちゃんと対面をしているのである。

イグアノドンが、子供たちの間で如何に人気があったかは、次の唄でも十分うかがうことが出来る。

　イグアノドンの背中に
　ゴリラが乗ってった　乗ってった
ゴリラの背中に
　お猿が乗ってった　乗ってった
お猿の背中に
　鼠《ねずみ》が乗ってった　乗ってった
鼠の背中に
　蚊《か》とんぼが乗ってった　乗ってった

蚊とんぼの頭の上を
艦載機が飛んでった　飛んでった

このイグアノドンの唄を作ったのは、下の男の子(25)である。自分の国の敗戦も、自分の身体の栄養低下も、実感としては何も知らなかった子供たちは、カインの末裔の土地で、「イグアノドンの唄」をうたって、至極《しごく》御機嫌であった。しかしその男の子は、その後間もなく、栄養低下が禍《わざわ》いして、仮りそめの病気がもとで、急に亡くなってしまった。しかし生き残った娘たちは、今はきわめて元気である。

この暮から正月にかけて、私は扁桃腺《へんとうせん》の除去と、蓄膿症《ちくのうしょう》の手術とのために、K病院へ入院した。二十年来の懸案《けんあん》を片づけるためである。この道では、日本一の名国手《こくしゅ》と称《たた》えられているK博士の手術を受けるのであるから、何の不安もなく、経過もきわめて順調であった。

時々妻と交替に附き添いにやってきた長女は、何も用事がないので、初めは少し手持無沙汰《てもちぶさた》のようであった。それである日、ロスト・ワールドを持ってやってきた。昼寝をするために、夜早く寝つかれなかった私は、十二時頃まで寝つこうとしないことにして、ベッドの上でぼんやりしていた。時々ちょっと目をやると、長女は夢中になって、読みふけっている。「どうだい、面白いのかい」ときくと、「うん、とっても」と、返事をするのも億劫《おつくう》なように、頰をほてらせている。

「分るのかい。大分むつかしい名前があるだろう」といっても、「そうよ。でも辞書なんか引いていられないのよ。今失われた連鎖《ミッシング・リンク》がやってくるところよ」と、受け附けもしない。もう夜中近いらしい。それでよいのだ、生きる者はどんどん育つ方がよいのだと、私は目をつぶって寝入ることにした。

（一九五二年　五二歳）

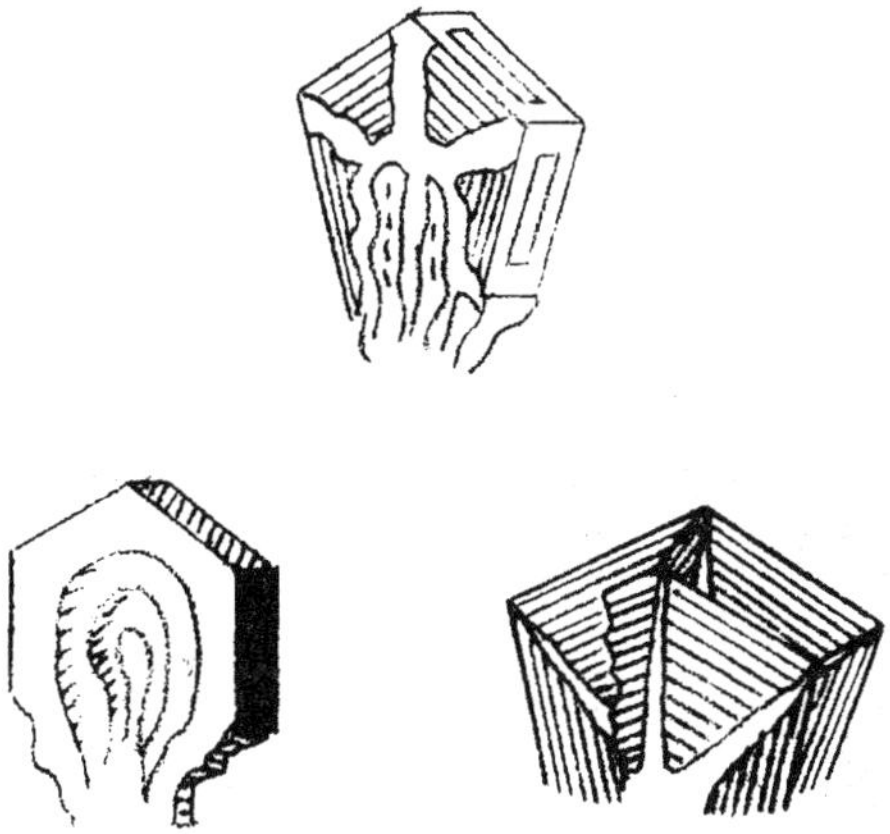

簪《かんざし》を挿《さ》した蛇

石川県の西のはずれ、福井県との境近くに大聖寺《だいしょうじ》という町がある。そこに錦城《きんじょう》という小学校があって、その学校で私は六年間の小学校生活を卒《お》えた。たしか尋常《じんじょう》六年の時に、明治天皇が崩御《ほうぎょ》されたように記憶しているので、私の小学校時代は、明治の末期に当るわけである。

この町は、子爵《ししゃく》の方の前田家(1)の旧城下町であって、その頃の小学校は旧藩主のもとの屋敷をそのまま使ったものであった。それで学校といっても、現在普通に見られるような半洋風の建物ではなかった。もっとも一部は建て増されたもので、二階建の普通の小学校の形になっていたが、雨天体操場の方などは、昔の建物をそのまま使っていたので、今から考えてみれば、随《ずい》分《ぶん》古風な学校であった。在学中にこの雨天体操場の方も改築されたように憶《おぼ》えているが、印象に残っているのは、妙に改築前の旧《ふる》い体操場の方である。

雨天体操場と云っても、旧藩主の大きい邸宅の襖《ふすま》をとりはずしただけのものであったから、中には柱がいっぱい立っていた。大広間と次の間に当るところが、この体操場の中心部で、その両側に広い廊下があったらしい。柱がずっと一列に立っていた。奥の半分は、小さい部屋が沢山《たくさん》あったところを、壁と襖をはずしてそのまま使ったらしく、その部分には沢山の細い柱がそれこそ林立していた。

この雨天体操場は、式や会の時には講堂となり、休み時間には児童の遊び場であった。実際は雨天体操場などという新しい名前はなくて、私たちは溜《たま》りと呼んでいた。十分の休み時間には、この溜りいっぱい胡麻《ごま》を散らしたように、児童たちが真黒く群《むらが》って走り廻《まわ》っていた。その中には四十年前の自分もいたわけである。柱が沢山あるので、陣取りには誂《あつら》え向きであった。五組も十組もの陣取りが、それぞれ好みの柱の群を占領して、縦横に馳《か》け廻るので、呼び声叫び声が、薄暗いこの体操場に一杯に満ちあふれていた。

薄暗いといえば、この体操場の奥の半分、柱が林立していたところは、昼でも本など読めないくらい暗かった。その中心部に、何のあとかは考えたこともなかったが、三尺四方の四隅に、四本の柱が立っているところがあった。林立する柱の中で、この四本の柱だけが何となく目に立った。そこは「四本柱」という名前がついていた。何か気味の悪いところで、子供たちの間には、一種の魔所に考えられていたようであった。何年の時か忘れたが、この「四本柱」の床の下には、女の髪の毛が埋められているという風説が流布《るふ》され、私たちは真面目にそれを信じていた。

明治の末期と云っても、北陸の片田舎《かたいなか》までは、まだ文明開化の浪《なみ》は押し寄せて来ていなかった。たしか六年生の頃に、初めて電灯がついたくらいで、徳川時代からずっとおどんでいた空気は、まだこの小さい旧い城下町の上を低く蔽《おお》っていた。旧藩主は町の一部に、別の御屋敷をもって、一年の半ばはそこに住んで居られた。そして人々はお正月には「殿様のところへ伺候《しこう》する」習慣をずっと守っていた。

小学校のすぐ後《うしろ》は、小さい山に続いていた。錦城山という山であった。この山には前田家の以前に、山口玄蕃《げんば》(2)とかいう豪族の城があったそうである。そしてその城が落城する時に、奥方や姫たちが、池に入るか崖《がけ》からとび降りるかして死んだというような伝説が残っていた。この小高い山は、その当時の子供たちの間には、全く人跡未踏《じんせきみとう》の魔境であった。山は二段になっていて、頂上に本統《ほんとう》の城の趾《あと》があるという話であったが、そこは怖ろしくて、とても子供たちの行ける場所ではなかった。私などは六年間の小学校生活中に、一度もその城趾までは登らなかった。そこには、簪をさした蛇だの、両頭の蛇だのが居るという噂《うわさ》があった。もちろん一つ一つに落城の伝説がからまっていて、子供たちは誰もそれを疑わなかった。

中腹の小高いところに、一寸《ちょっと》平らな場所があって、そこには下屋敷が在ったということになっていた。そこまでは一二度行ったことがあるが、鬱蒼《うっそう》と茂った暗い森の中に、細い径《みち》がたえだえについていたような気がする。そしてその場所に着くと、急に平らな如何《いか》にも屋敷趾らしい開《ひら》けた土地があった。開けたといっても、それは亡霊の住む土地である。やっと木の間から盗み見るくらいで、匆々《そうそう》に逃げ帰って来るのが普通であった。今から考えてみれば、せいぜい二十分くらいの行程のところであったように思われる。しかし子供たちにとっては、その探検には非常な勇気が必要であった。

子供たちはもちろん和服で、みな木綿《もめん》の袴《はかま》をはいていた。私の父は当時のハイカラであったらしく、いつか洋服を一着作ってくれたことがあったが、そんなものを着て外を歩くことなどはとても出来なかった。雨の多い土地であったが、傘《かさ》を持って来るのは極《ご》く少数で、大抵《たいてい》は莫《ご》蓙《ざ》帽子という莫蓙で作った一種のマントを頭からかぶって学校へ通《かよ》った。雨風の強い日などは、莫蓙を通した雨でびしょ濡れになって学校へ着いた。そしてずらりと並んだ下駄箱に下駄を納め、藁草履《わらぞうり》にはきかえて、溜りに集った。草履をはかない素足の子供たちも沢山いた。

先生たちは、一人ずつ交代に宿直することになっていた。可愛がってくれる受持の先生が宿直をされた次の朝は、よく六時頃に学校へ行って、宿直室で八時の授業開始まで遊んだものであった。若いざん切り頭の先生は、蒲団《ふとん》を隅の方へ押しやって、褐《ちゃいろ》い畳の上で火鉢で御飯をたいていた。そして飯の出来るまでと言って、将棋を教えてくれたりしたものであった。

ピアノなどというものは、名前も聞いたことがなかったし、理科の実験などももちろん無かった。仏教の盛んな土地だけに、町全体の雰囲気には近代の匂いが全く無く、科学などというものには、凡《およ》そ無縁の土地であった。子供たちは、大人の読み残した貸本の講談本を盗み読むくらいで、その当時あこがれの的であった『少年世界』や『日本少年』[3]を毎月とっているなどという子供は、級に一人か二人という程度であった。それは遥かなる土地の文明の余光であって、年寄りたちがお説教できいてくる仏教の因果《いんが》話と地獄極楽の絵とで培《つちか》われた子供たちの頭には、幻惑《げんわく》的な閃光《せんこう》をもたらすものであった。

そういう中にあって、たしか五年生の時だったかと思うが、珍しい先生が新しくみえて、その先生が私たちの受持となった。そして理科の時間に、進化論の話と、カント・ラプラスの星雲説(4)とを説明してくれたことがあった。その先生の進化論というのは、少し極端であって、人間からアメーバに遡《さかのぼ》って、そのアメーバが更《さら》に無機物から出来たというのであった。もっともそれは子供心にそういう風に受け取ってしまったのかもしれないが、とにかくそれは当時の私には驚愕《きょうがく》に近いものであった。

そしてそれが星雲説になると、更に展開するのであった。遥かなる昔、まだ太陽も月も地球もなかった時代に、星雲が宇宙の片隅に渦を巻いていた。その渦がだんだん凝《かたま》って固体になるというのであるが、そのガス状の星雲の前には、宇宙にはただ力だけが渦を巻いていたという話を聞かしてくれたように憶《おぼ》えている。これも幼い頃の夢であったのかもしれないが、私の頭に残った印象は、そのような形のものであった。

学校から帰ると、よく夕飯前に、奥の暗い六畳の仏壇《ぶつだん》の間で、老人たちの御まいりの座につかせられた。灯明《とうみよう》の光がゆらぐ毎《ごと》に、仏壇の中の仏様の光背《こうはい》が鈍く金色にゆれた。ぼんやりとその光に見入りながら、遠い遠い昔、まだ星雲すらも無かった頃の宇宙創成の日を頭の中に描いてみる癖《くせ》がいつの間にかついた。本統に何物も無い虚空《こくう》に、眼に見えない力の渦巻があって、その廻る速さがだんだん速くなって行く。するとその中心のあたりからほの白くガス状の物質が生まれて来る。そういう夢と老人の読経《どきよう》の声とがもつれ合って、いつの間にか、生まれたばかりの星雲の姿が、ぼんやりと眼に見えて来るのであった。

今の科学精神などという流儀《りゆうぎ》から言えば、とんでもない教育を受けたものである。生活の中に科学をとり入れるようなことも、全く縁の無い話であった。そして学校では実物を完全に離れた文字だけの理科を教わり、家へ帰っては三国志と西遊記とに凝《こ》っていた。たまさか新しい科学の知識を授《さず》けられれば、それは「断片的な科学知識」と「出来上った理論の外面」だけであった。それ等は西遊記と仏教寓話《ぐうわ》とで養《やしな》われた荒唐《こうとう》な少年の日の夢に、ますます非科学の拍《はく》車《しゃ》をかけるような結果に陥《おちい》ってしまった。科学者にでもなろうというのだったら、典型的な悪い教育を受けたものである。

ところがこの頃になって考えてみると、こういう少年の日の反科学的な教育が、自分のその後の科学にとって、そうひどく邪魔になったとは思われない。そういう天邪鬼《あまのじやく》な考えをするから何時《いつ》まで経っても一人前の科学者になれないのだと言われれば、それまでの話である。しかしあの当時に、現在の立派な科学普及書がふんだんに与えられ、文部省御自慢の啓発的とかいう今日の物象の教科書で理科を教わっていても、やはり偉い物理学者にはなれなかっただろうと思う。それよりも恐らく物理学などは専攻していなかったかもしれないという気もする。別に確固たる理由はないが、ただ何となくそういう気がするだけである。強《し》いて理由をつければ、大人が余りやきもきすると、子供は興味を失ってしまうことが多いからである。

星雲の夢が再び蘇《よみがえ》って来たのは、高等学校へはいってからである。ヘッケルの『宇宙の謎』(5)の翻訳が出て、その一元論が我が国の読書界に紹介されたのが、ちょうど私たちが高等学校へ入学した頃であった。ヘッケルの進化論というのは、正《まさ》しく私たちが小学校で聞かされた話を、少し鹿爪《しかつめ》らしくしたようなものであった。そしてその最後のところは、物質と勢力《エネルギー》との一元論に落着くというのであった。別に根拠のある説ではないが、物質不滅の法則と勢力不滅の法則とが自然界を貫く二つの根本原理である、その両者を綜合《そうごう》したような宇宙一元論を心に描いてみるのが科学者の最後の夢である、という風な議論であったように憶えている。

もう二十五年以上も昔の話であるから、もちろん詳《くわ》しいことは記憶にない。しかしヘッケルの本の最後の数節は、いろいろな科学的な言葉は使ってあったが、詮《せん》じつめたところは、物質と勢力との一致という夢を描いたもののようであった。物質と勢力との転換が、理論的にまた実験的に物理学の問題として確認されたのは、ずっと後のことである。ヘッケルの時代にはもちろんのこと、それを読んだ私たちの高等学校時代の頃でも、それは精密科学の立場から見れば、全くの荒唐無稽《むけい》な空想にすぎなかった。

しかしこの本は、私には少年の日の夢を再び呼び返してくれたという意味で大切な本であった。今読み返してみたら、そういう意味に書いてあったものではないかもしれないが、熱中し易《やす》い高等学校時代の自分の頭に残された印象は、そのようなものであった。もし自分が勝手にそういう風に解釈して、興奮にほてる頬《ほお》を輝かしながらこの本を読んだのであったならば、それは少年の日の非科学的教育の影響によったものであろう。物心一如《ぶっしんいちにょ》というような、この荒唐な夢が余りにも明らかに実現され、その原理に従って現実に原子爆弾が出来たのである。簪をさした蛇と原子爆弾の原理とが仲よく組合わされていた幼年の日の夢を、今更のようになつかしく思い見る次第である。

『宇宙の謎』の思出には、まだ後《あと》がある。ずっと後になって、大学を出て寺田寅彦先生の助手をつとめていた頃、忘年会か何かで、研究室の若い連中大勢揃《そろ》って、先生の御馳走《ごちそう》になったことがある。所は忘れたがどこかのビルディングの五階か六階の西洋料理店であった。食後パーラーで先生の話をきいているうちに、ウェーゲナーの大陸移動説の話が出た。先生はこの説には前から深く興味をもたれ、ウェーゲナーの有力な同情者であった。

「ウェーゲナーの説には、いろいろ反対もあるが、あの本は面白い本だよ。とにかく大陸が移動するということはたいへんな事なんだから、反対のあるのも当然だ。しかしその反対はどうも細かい点が多くて、考えようによっては、どうにでも説明出来ることが多いようだ。ウェーゲナーの本の中に科学者は木を見て森を見ないと書いてあったが、実に巧《うま》いことを言ったものだ。大いにその傾きがあるからね。ところでその木を見て森を見ないというのは、誰かの文句らしいので、引用《クオーテーション》マークがついているんだが」という話であった。

「それはヘッケルの『宇宙の謎』の序文にある言葉で、科学者は木を見て森を見ない、哲学者は森の絵を見て満足しているというのの前半でしょう」と言ったら「たいへんなことを知ってるね」と褒《ほ》められた。

自分はその後ずっと森を見ているというわけではない。しかしそういう言葉があることだけは、忘れないでいる。戦前、日本の科学は世界の第一線に伍《ご》したということがよく言われた。それは嘘であるが、世界の科学の進歩にほぼ踵《きびす》を接して追従して行けるくらいのところまでは進歩していた。しかし後進国の悲しさには、どうしてもその研究態度が、木を見るというよりも、皮か葉の一部を見るような傾向に走り易かったのは致方《いたしかた》ないことであった。そして終戦後、日本の国が戦前のような条件で研究することが出来なくなった今日、なお皮の一部を調べる学者を養成するような科学教育策が、惰性《だせい》的に採られているのではないかという気もする。

そういうことを言うと、折角《せっかく》子供たちの科学的なものの考え方を啓発しようと努力されている文部省の方たちや、科学精神の涵養《かんよう》に立派な普及書を出して居られる先生方に、礼を失するかの如く誤解されるかもしれない。しかしそれは全くの誤解であって、科学精神を涵養したり、幼いうちからものごとを科学的に考察する癖をつけたりすることが、もし出来るならば、それに越したことはない。しかし私にはそれだけで科学教育の問題が全部解決したとは言えないような気がするだけである。

科学の本質論にはここでは触れないことにしても、本統の科学というものは、自然に対する純真な驚異の念から出発すべきものである。不思議を解決するばかりが科学ではなく、平凡な世界の中に不思議を感ずることも科学の重要な要素であろう。不思議を解決する方は、指導の方法も考えられるし、現在科学教育として採り上げられているいろいろな案は、結局この方に属するものが多いようである。ところが不思議を感じさせる方は、なかなかむずかしい。

物象《ぶつしょう》(6)の何年生だったかの教師用に、秋の山へ児童をつれて行くと、楓《かえで》だの漆《うるし》だのが美しく紅葉している、その葉の色の美しさを示して、自然界の美に驚嘆するように児童の情操《じょうそう》を涵養せよというような意味の説明がある。しかし本統の驚異はなかなかそう手軽には感じさせられないものである。それに注文通りの秋の山など、そうざらに見付かるものでもない。もっとも紅葉の美しさに注意を向けさすことが悪いと言うのではない。それもたいへん結構なことではあるが、それだけで、という意味は、その系統に属する各種の指導だけで、驚異感の方は片がつくと思っては不十分であろう。

近代の専門的な教育法のことは知らないが、私には自分の子供の頃の経験から考えて、思い切った非科学的な教育が、自然に対する驚異の念を深めるのに、案外役に立つのではないかという疑問がある。幼い日の夢は奔放《ほんぽう》であり荒唐でもあるが、そういう夢も余り早く消し止めることは考えものである。海坊主《うみぼうず》も河童《かっぱ》も知らない子供は可哀想である。そしてそれは単に可哀想というだけではなく、余り早くから海坊主や河童を退治してしまうことは、本統の意味での科学教育を阻害するのではないかとも思われるのである。

いつか紙芝居を利用して児童の教育をやろうとしている会の人が来て、何か案はないかという話があった。目的は紙芝居で科学普及をやりたいというのである。相変らず電気の知識とか、飛行機の原理とかを、漫画風に子供にもよく分るように面白くやる案はないかという話で、うんざりした。そういうこともそれ自身は悪いことではないが、もしやるのだったら映画を用いた方がよいので、紙芝居には映画とは別の分野がある。紙芝居が映画と異なる点は、実物の写真を用いなくて絵を用いることと、各画面の時間を相手とその時の雰囲気とに従って勝手に変えられる点にある。その両者ともに、見ている子供たちの想像力を誘発するのに適当な条件なのである。それで紙芝居では電気技術だの機関車だのという野暮《やぼ》な話は取り上げない方が利巧《りこう》である。妖女か孫悟空を主人公とした夢幻的で物凄じ《ウィヤド》い紙芝居が出来たなら、一度見たいものである。

「電気の知識なんか、紙芝居には勿体《もったい》ないですよ。それよりも孫悟空でもおやりになったら如何《いかが》です。その方が科学の普及と言ってはどうか分りませんが、将来の日本の科学の為《ため》には役に立つでしょう」と返答したのであるが、よく納得はゆかなかったようである。孫悟空に凝って、金箍棒《きんこぼう》や羅刹女《らせつによ》の芭蕉扇《ばしょうせん》(7)をありありと目に見た子供は、やがて原始の姿をも現身《うつしみ》の形に見ることが出来るであろう。

生物は細胞からなり、細胞は蛋白質《たんぱくしつ》から成る。蛋白質以外の外《ほか》のものももちろんあるが、いずれにしてもそれ等《ら》は全部分子から成り、分子は原子から、又その原子は核と電子とから出来ている。もしこういうことが分ったとしたら、生命の神秘が消え失せてしまうように考えるのは誤謬《ごびゅう》である。寺田先生の言葉を借りれば、それは「生命の不思議を細胞から原子に移したというのみで原子の不思議は少しも変りはない」のである。

人間には二つの型があって、生命の機械論が実証された時代がもし来たと仮定して、それで生命の神秘が消えたと思う人と、物質の神秘が増したと考える人とがある。そして科学の仕上仕事は前者の人によっても出来るであろうが、本統に新しい科学の分野を拓《ひら》く人は後者の型ではなかろうか。科学知識の普及も結構ではあるが、原子や分子を日常茶飯事の如《ごと》く口にするだけでは無意味である。それは得るところが何もなくて、反対に物質の神秘に対する驚異の念を薄くするような悪影響だけが残る虞《おそ》れが十分ある。

以上の話は、戦前の日本の科学についても言えることであるが、終戦後の科学再建については、一層大切なことのように自分には思われる。戦前の悪夢時代には、科学というものは、意識的な場合も無意識的な場合もあろうが、結局は外国に負けないような飛行機を作るとか、重工業を進歩させるとかいう風な工業技術の基礎として、一般に考えられていた。そういう意味での科学ならば、いわゆる科学普及でも結構であろう。余り得《とく》な方法ではないが、どうにか外国の進歩にくっついて行くことも、努力さえすれば可能である。そして現にそれは或《あ》る程度まで可能であったのである。

しかし今日では事情は一変した。以前のような意味での科学は、影が薄くなったわけである。国防の問題は無くなったが、民生的な近代機械文明を建設する意味で科学技術は必要である。しかしその基礎としての科学というだけでは、非常に影の薄いものであることは事実である。終戦後の日本の科学振興とか科学再建とかいうものが、何を意味しているかは、誰に聞いてみてもよく分らないようである。私自身にも分らない。むしろこの際科学など止《や》めてしまった方がよいのではないかとも考えられるが、政府の方で科学再建を唱えられる以上、それに協力しないわけにもゆかない。しかし同じ協力をするのならば、意味のある協力をしたいものである。

ところで今後の日本において、意味のある科学を振興させようと思えば、本来の姿においての科学を進歩させるべきであろう。科学が戦争の役に立つのは事実であるが、それは科学の本然の姿ではない。科学は自然と人間との純粋な交渉であって、本来平和的なものであるからである。そういう意味での科学は、自然に対する驚異の念と愛情の感じとから出発すると考えるのが妥当《だとう》であろう。

こういう風に考えてみると、今後は私たちが受けたような非科学的な教育ももっと必要になるのではなかろうか。反語的な言い方になるが、科学精神の涵養もあまり型にはまって来ると、こういう逆説的な言葉も或る場合には必要になって来るように思われる。少くも刺身に対する山葵《わさび》くらいの役をするのではなかろうか。碧《みどり》の湖の岸に建っている白い塔の中に、金髪の王女が百年の眠りを眠っている。(8)少年の日にその姿を現実の形に見ることの出来た人が、案外科学上の新分野を開拓して、新しい日本の存在意義を世界に示すようなことになるかもしれない。どうも私には、子供の時から眼覚時計《めざまし》を直すことが好きだったり、機関車の型を皆覚えたりする子供よりも、その逆の型の方が有望なように感ぜられる。子供の頃に正則《せいそく》な科学教育を受けられなかった田舎者のひがみかもしれないが、そういう気がするのだから仕方がない。

それでは仮に以上のような奇矯《ききよう》の説が、一面の真理を含んでいるとしたら、実際に科学教育をどうするかという問題が出て来る。大人が余りやきもきしないで放っておくというのも一法であるが、それでは少し乱暴である。それにせっかく当局の方でいろいろ苦心をして、理科を物象に変えたり、小学校を国民学校に変えたりして居られるのに、その苦心を全然無にしてはよくない。事柄《ことがら》を教えてはいけない、考え方を啓発しなければならないというのも結構である。絵やグラフを見せて「以上の事から何が分るか」というような問題を出すのも悪くはない。少くも先生はどういう答を期待しているだろうかと子供たちに興味を持たせる点で、十分頭の訓《くん》練《れん》になる。それで現在の教育法はそのまま是認《ぜにん》すればよいので、その上に子供たちに夢をもたせればよいことになる。少くも荒唐無稽な夢をみることを余り阻止《そし》しなければよいであろう。迷信や怪異譚《かいいたん》なども、実害のない限りは、何も禁止する必要はないと思われる。簪をさした蛇など甚《はなは》だ結構である。

本の方は、近年面白くて為になるといういい本が沢山出て来たようである。そういうバターと蜂蜜とをねったような本が沢山あって、それ等を自由に読むことが出来れば、子供たちはたいへん仕合わせである。しかし余り栄養物ばかり食べさせておくと、芯《しん》が弱くなる虞れがありはしないかという気もする。たまには面白くて為にならない本も読ませた方が良さそうである。少くも自分の経験から言えば、少年の日のなつかしい印象として残るものは、面白くて為にならない本に熱中して頬をほてらせていた思出ばかりである。それはなつかしいというだけで、何の役にも立っていないだろうと言われれば、或《あるい》はそうかもしれない。しかし四十年の間自分の頭の奥にずっと存在を続けていた記憶が、その後の自分の科学に、何等かの影響を与えていないはずはない。そしてその影響は必ずしも悪い方とばかりは言えないような気がする。

この頃今度の大戦争で科学はB29や原子爆弾やD・D・T(9)のような偉大なる発明を産んだというような記事をちょいちょい見受ける。しかし私は少くもそれほど馬鹿なことは言わないつもりである。原子爆弾は近代人類の希臘《ギリシア》以来の物質の概念を変更した大発明であって、鳥の先生や除虫菊の親玉と比較すべきものではない。そういうことを混同する人は、ものの価値判断の出来ない人であって、科学知識の問題ではない。そしていやしくも物を書くほどの人が、そういう間違いをするという責の一半は、いわゆる科学普及にありはしないかという気がする。

その点では、思い切った非科学的教育を受けた自分などは仕合わせであったわけである。眼に見えない星雲の渦巻く虚空《こくう》と、簪をさした蛇とは、私にとっては、自分の科学の母胎《ぼたい》である。人には笑われるかもしれないが、自分だけでは、何時までもそっと胸に抱いておくつもりである。

（一九四六年　四六歳）

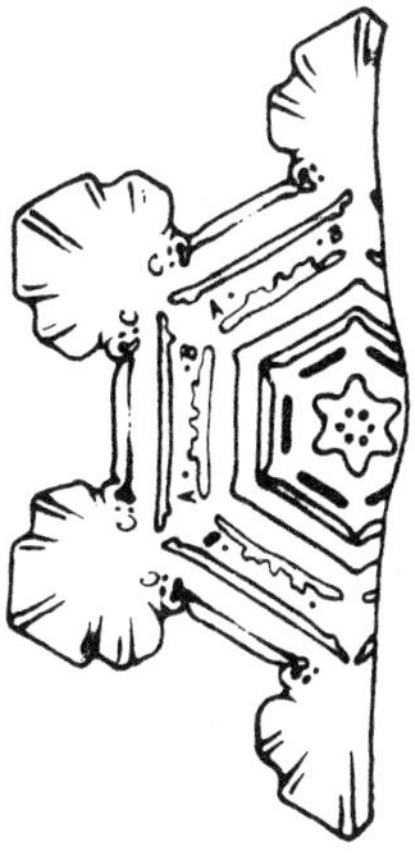

自然の恵み

1［寺田先生］寺田寅彦。物理学者（一八七八―一九三五）。中谷宇吉郎の師。**2**［熊井君］熊井基。雪氷学者。**3**［硼酸］H_3BO_3。無色、もしくは白色の粉末。**4**［花島博士］花島政人。低温科学者。**5**［雪の結晶の映画］一九三九年に上映された東宝文化映画「雪の結晶」のこと。**6**［新しい映画］一九四八年に上映された映画「霜の花」のこと。**7**［コンデンサー・レンズ］有効に集光するためのレンズ。**8**［フーコー］ジャン・ベルナール・レオン・フーコー。フランスの物理学者（一八一九―六八）。「フーコーの振り子」の実験で著名。

雪の話

1［五度目の冬］中谷は一九三〇年にフランスから帰国し、北海道大学の助教授になっている。**2**［ベントレイ］ウィルソン・アルウィン・ベントレー。在野の雪の研究者（一八六五―一九三一）。死の直前、写真集『雪の結晶』を上梓。**3**［土井利位］「雪の殿様」の名で知られる大名（一七八九―一八四八）。日本で初めて顕微鏡で雪を観察した人物と言われ、詳細な結晶図を『雪華図説』『続雪華図説』に遺した。**4**［北越雪譜］越後（現在の新潟県）の雪国の生活を描いた本（一八三六―四二）。著者は越後の商人であった鈴木牧之（一七七〇―一八四二）。初編巻之上に、『雪華図説』から引用された雪の結晶図が掲載されている。**5**［十勝岳］北海道の中央部にある火山。標高二〇七七メートル。中谷は、一九三三年から十勝岳の白銀荘で雪などの調査を行った。**6**［岳樺］カバノキ科の落葉広葉樹。亜高山帯に分布。

雪の十勝

1［泥流コース］大正時代に十勝岳が噴火した際に発生し

た泥流跡を登るコース。望岳台コースとも。**2**［五丁］約五五〇メートル。**3**［かんじき］雪や泥の上を歩くために靴やわらじにつける道具。**4**［塩一升］約一・八九キログラム。**5**［日高山脈］北海道中央部を南北に貫く山脈。延長約一五〇キロメートル。十勝岳から日高山脈の北端までは約五〇キロメートル。**6**［カムチャッカ］カムチャッカ半島。千島列島の北東にあるロシア領。

雪を作る話

1［輻射］放射熱。

雪後記

1［十勝行の再挙］一九四〇年二月、中谷は再度十勝で雪の調査を行った。一九三六年以来、中谷は体調を崩し、伊豆の伊東で療養を行っていた。**2**［北満］満州の北部。**3**［ウェーゲナー教授］アルフレート・ロータル・ヴェーゲナー。ドイツの地球物理学者・気象学者（一八八〇—一九三〇）。大陸移動説を提唱したことで著名。**4**［裂罅］氷河や雪渓などの裂け目。**5**［セリグマン氏の本］一九三六年刊行のSnow Structure and Ski Fields のことか。**6**［拓殖計画］一九一〇年から開始された、北海道の振興と人口増加のための方策。

大雪山二題

1［石狩川］北海道南西部を流れ、日本海に注ぐ川。二六八キロメートル。流域面積は利根川に次いで日本第二位。**2**［大雪山］北海道の中央部に位置する山系。最高峰は二二九一メートルの旭岳。十勝岳の北東に位置する。**3**［菅谷重二博士］河川工学者。**4**［チャムス］中国東北部最東端にある佳木斯市のこと。**5**［闊葉樹］広葉樹。**6**［スラローム］蛇行したスキーの跡。**7**［ジャンプ・クリスチャニア］クリスチャニアは、スキーで急激に滑る方向を変える技術。それをジャンプしながら行うこと。**8**［海豹］かつてはスキー板の裏にアザラシの皮を貼り、すべり止めにしていた。**9**［一鳥啼いて…］王籍（生没年不詳、中国の南北朝時代の詩人）の五言古詩「入若耶溪」の一節「蟬噪林逾静 鳥鳴山更幽」より。

天地創造の話

1［有珠山］北海道南西部、洞爺湖の南に位置する活火山。七三七メートル。**2**［壮瞥村］現在の北海道壮瞥町。**3**［倶知安から洞爺湖の方へ抜ける支線鉄道］かつて函館本線の倶知安駅と室蘭本線の伊達紋別駅を結んでいた胆振線のこと。一九八六年廃止。**4**［アッツの玉砕］一九四三年五月、日本軍はアリューシャン列島のアッツ島で壊滅的な敗北を喫した。**5**［長流川］噴火湾に注ぐ川。五〇キロメートル。**6**［福富博士］福富孝治。温泉の研究で知られる地球物理学者（一九〇八―九七）。**7**［噴火湾］内浦湾とも。北海道南西部にある湾。ほぼ円形であることと周囲に火山が多いことから、噴火した跡のカルデラと目されて「噴火湾」と名づけられたが、現在ではその可能性はほぼないとされている。**8**［石川教授］石川俊夫。地質学者。**9**［サイパンの陥落］一九四四年六―七月、日本軍はサイパンでアメリカ軍と戦い全滅した。これにより、アメリカは日本全土への爆撃が可能になった。**10**［テニヤンの悲劇］サイパン陥落後、アメリカ軍はテニアン島に兵を進め、島では多数の戦死者が出た。**11**［濛気］霧やもやがかかっている大気。**12**［徳舜瞥］徳舜瞥村。のち大滝村と改称し、二〇〇六年伊達市に編入された。**13**［ゴビの沙漠］中国内モンゴル自治区からモンゴルに広がる砂漠。**14**［スタイン］中央アジアの探検家オーレル・スタイン（一八六二―一九四三）か。**15**［代赭］弁柄とも。酸化鉄を原料とする赤褐色、もしくは黄褐色の顔料。**16**［鶏冠石］ヒ素の硫化鉱物。鶏のとさかのようにあざやかな紅色が特徴。**17**［孔雀石］マラカイトとも。銅の鉱物。美しい緑色が特徴。

立春の卵

1［重慶］中国南西部の内陸都市。**2**［硫黄島危し］一九四五年二―三月、小笠原諸島の硫黄島で日米両軍が戦い、日本軍は壊滅した。**3**［伯林攻撃］一九四五年四月、ソ連軍がベルリン攻略を開始した。**4**［マホガニー］センダン科の常緑樹。高級木材として知られる。**5**［紫檀］マメ科ツルサイカチ属の数種の樹木の総称。**6**［偶力］大きさが等しく、方向が平行で逆向きの二つの力の組。**7**［ヘルツの式］一八八一年、ドイツの物理学者ハインリヒ・ヘルツ（一八五七―九四）が導いた、接触力学に関する公式。**8**［ヤング率］縦弾性係数とも。弾性係数の一つ。イギリスの物理学者トマス・ヤング（一七七三―一八二九）が導いたことからこの名がある。

線香花火

1［銷夏法］夏を涼しく過ごす方法。**2**［硝石］硝酸カリウムの鉱物名称。**3**［パンクロマチック］汎色。フィルムや乾板が、可視光線のほぼすべての範囲にわたって感光すること。**4**［アーク灯］低電圧、大電流により発生する光を光源とする照明灯。**5**［南京玉］ビーズ。**6**［ベリヒテ］ヘミッシェ・ベリヒテ。化学分野を主とした学術雑誌。一八六八年創刊、一九九八年廃刊。**7**［曙町］東京市本郷区曙町、現在の東京都文京区本駒込。寺田寅彦は一九一七年から亡くなる一九三五年までこの地に居を構えた。

琵琶湖の水

1［二斗樽］二斗は三六リットル。**2**［セキ車］主に石炭を積むためにつくられた貨車。**3**［トム］セキ車と同じく貨車の名称。セキよりも積載量が少ない。**4**［三尺］約一一四センチメートル。**5**［千石］一石は約一五〇キログラム、千石は約一五〇トン。**6**［円山の天然記念物になっている原始林］札幌の円山公園南部にある円山原始林。現在も残されている。**7**［斧鉞］おのとまさかり。**8**［最小二乗法］誤差を含む値から、最適な関数を導く方法。**9**［六万町歩］一町歩は約一ヘクタール、一〇〇町歩が約一平方キロメートル。六万町歩は約六〇〇平方キロメートル。**10**［吉田氏］吉田十四雄（としお）。作家（一九〇七―八二）。

茶碗の曲線

1［私の弟］考古学者の中谷治宇二郎（一九〇二―三六）。結核のため早世した。**2**［六朝］中国の六朝時代（二二二―五八九）。**3**［彎曲率］ふくらみの曲がり具合。

イグアノドンの唄

1［羊蹄山］蝦夷富士とも称される、標高一八九八メートルの山。中谷は一九四五年、羊蹄山麓の狩太村(現ニセコ町)に疎開している。 **2**［有島さんの『カインの末裔』］作家の有島武郎(一八七八―一九二三)が一九一七年に発表した代表作。当時有島は、父から譲り受けた狩太村の「有島農場」を所有していた。 **3**［コナン・ドイルの『失われた世界』］イギリスの作家アーサー・コナン・ドイル(一八五九―一九三〇)が一九一二年に発表したSF小説。 **4**［理研］理化学研究所。 **5**［ジュラ紀］約二億年前から約一億四五〇〇万年前までの時代。 **6**［イグアノドン］白亜紀前期に生息していた草食恐竜。恐竜としては最初期に化石が発見された。 **7**［千尺］約三〇〇メートル。 **8**［プテロダクティル］プテロダクティルス。ジュラ紀後期に生息していた翼竜。 **9**［二番目の娘］芸術家の中谷芙二子。 **10**［長女］地質学者の中谷オルスン咲子。 **11**［『コンティキ号漂流記』の著者］ノルウェーの人類学者トール・ヘイエルダール(一九一四―二〇〇二)。 **12**［南米からタヒチ島の近くまで］ヘイエルダールは、ポリネシアの人びとが南米から渡ってきたという自説を実証するため、コンティキ号といういかだをつくり、南米からツアモツ島まで約八〇〇〇キロにおよぶ航海を行った。 **13**［不思議な魚］現在ではシーラカンスの名で知られる。 **14**［白亜紀］白堊紀とも書く。ジュラ紀の直後の時代で、約一億四五〇〇万年前から約六六〇〇万年前。 **15**［デヴォン紀］約四億一六〇〇万年前から約三億六〇〇〇万年前までの時代。 **16**［ラチマー女史］マージョリー・コートニー＝ラティマー。南アフリカの博物館学芸員(一九〇七―二〇〇四)。 **17**［スミス博士］ジェームズ・レナード・ブライアリー・スミス。南アフリカの魚類学者(一八九七―一九六八)。 **18**［ステゴザウルス］ジュラ紀後期から白亜紀前期に生息していた草食恐竜。脊中に立ち並ぶ骨質の板が特徴。 **19**［シプトン氏］エリック・シプトン。イギリスの登山家(一九〇七―七七)。 **20**［ヤティ］イエティ。ヒマラヤに住むと言われる未確認生物。 **21**［ラングール猿］オナガザル科ラングール属のサル。 **22**［メンルンツェ］エベレストの西に位置するロールワリン・ヒマール山群の峰(七一八一メートル)。**23**「モレイン」モレーン。氷堆石、堆石。氷河の移動によって運ばれた岩石や土砂の堆積物。**24**「アッサム州」インド北東部の州。ヒマラヤ山脈東部の南側に位置する。**25**「下の男の子」一九四六年一一月に亡くなった、長男の敬宇。

簪を挿した蛇

1「子爵の方の前田家」加賀藩の支藩であった大聖寺藩(七万石、のち十万石)。**2**「山口玄蕃」山口宗永。戦国時代・安土桃山時代の武将(一五四五—一六〇〇)。**3**『少年世界』や『日本少年』いずれも大正から昭和初期にかけて人気のあった少年向け総合雑誌。**4**「カント・ラプラスの星雲説」一七五五年にドイツの哲学者イマニュエル・カント(一七二四—一八〇四)が提唱し、九六年にフランスの数学者・物理学者ピエール＝シモン・ラプラス(一七四九—一八二七)が補足した、太陽系の成り立ちに関する説。回転する高温の星雲状のガス塊が太陽系になったとした。**5**「ヘッケルの『宇宙の謎』」ドイツの生物学者エルンスト・ヘッケル(一八三四—一九一九)が一八九五—九九年に刊行した本。日本では一九〇六年に初訳、中谷が読んだものは一九一七年の栗原元吉訳版と思われる。**6**「物象」旧制中学校の教科の一つ。物理・化学・鉱物学などを総合したもの。**7**「金箍棒や羅刹女の芭蕉扇」金箍棒は、俗に如意棒と呼ばれる孫悟空の持つ道具。孫悟空は、敵である羅刹女(鉄扇公主)が使う芭蕉扇によって吹き飛ばされてしまう。**8**「白い塔の中に…」童話「眠れる森の美女」のこと。**9**「D・D・T」ジクロロジフェニルトリクロロエタン。農薬・殺虫剤として広く使用されていたが、後に環境に深刻な影響を与えることが発覚、現在日本では製造・使用が禁止されている。

中谷宇吉郎

なかや・うきちろう（一九〇〇～一九六二）
物理学者

生まれ
明治三十三（一九〇〇）年七月四日、石川県作見村片山津（現在の加賀市片山津町）に生まれる。父は呉服・雑貨商の卯一、母はてる。現在、生まれ故郷には「中谷宇吉郎雪の科学館」がある。東京帝国大学理学部物理学科を卒業。恩師は物理学者の寺田寅彦。

勤め
大学卒業後、理化学研究所で寺田の助手となり電気火花の研究を行ったのち、ヨーロッパに留学。帰国後の昭和五（一九三〇）年、北海道帝国大学理学部助教授となる（翌々年教授に昇任）。京都帝国大学から理学博士号を授与された。

家族・結婚
大学卒業後すぐの昭和二（一九二七）年、国文学者の藤岡作太郎の長女綾と結婚するも翌年に死別。昭和六（一九三一）年、寺垣静子と再婚。一男二女あり。長男の敬宇は昭和二十一（一九四六）年に早世。弟は考古学者の治宇二郎（じうじろう）。将来を嘱望されていたが三十四歳の若さで病没。

交友
パリ滞在中、弟治宇二郎とともに数学者の岡潔と交流。岡はのちに北海道にも滞在している。北大に講義に来た湯川秀樹が肺炎になり、約一ヶ月間宇吉郎の家で療養したことも。出版界では、岩波書店の小林勇と交流が深かった。

雪の博士
電気火花の研究をしていた宇吉郎が雪の研究に魅せられたのは、北大理学部に着任直後。昭和十（一九三五）年には常時低温研究室を作り、翌年人工雪の製作に成功している。十勝岳中腹の白銀荘もしばしば訪れ、天然雪の結晶写真の撮影を行っている。のち、北大に低温科学研究所を設立した。一方で、さまざまな自然の不思議を随筆にまとめ、科学のこころの啓蒙に努めた。

映画
昭和十四（一九三九）年、東宝文化映画「雪の結晶」の製作に携わって以来、映画製作に深い関心を寄せた。昭和二十四（一九四九）年、「霜の花」で朝日賞を受賞。同年には映画プロダクションの中谷研究室を立ち上げ、翌年には岩波映画製作所の顧問となっている。

もっと中谷宇吉郎を知りたい人のためのブックガイド

「雪」中谷宇吉郎著、岩波文庫、一九九四年

一九三八年岩波新書で刊行された中谷の代表作。雪の文化的な話題から説き起こし、雪の結晶の分類、さらに世界に先がけて人工雪の製作に成功した秘話までを語り尽くす。「雪は天から送られた手紙である」という有名な一節は、本書の末尾に。

「科学の方法」中谷宇吉郎著、岩波新書、一九五八年

科学は万能ではなく限界がある──。科学技術がめざましく進んでいた時代にこのような主張をするのは勇気が必要だっただろう。しかしその限界を知ってこそ新しい分野が開拓できると説いた、中谷流の科学哲学。

「中谷宇吉郎随筆集」中谷宇吉郎著、樋口敬二編、岩波文庫、一九八八年

中谷の愛弟子である樋口敬二氏が編んだアンソロジー。科学随筆のほか、師である寺田寅彦の思い出を語った文章もまとまって収録されている。

「中谷宇吉郎紀行集 アラスカの氷河」中谷宇吉郎著、渡辺興亜編、二〇〇二年

雪氷の研究調査のため、中谷はグリーンランド、アラスカ、シベリアなど、国外の寒冷地を多く訪れている。そこでの人々の暮らしなどを書き記した紀行文は、貴重な現地記録ともなっている。編者は南極観測隊長を二度つとめた渡辺興亜氏。

「中谷宇吉郎の森羅万象帖」LIXIL出版、二〇一三年

LIXILギャラリーで行われた中谷の展覧会図録。美しい顕微鏡写真や描き遺したスケッチで中谷の足跡をたどることができる。コズフィッシュ（祖父江慎、鯉沼恵一）によるブックデザインも魅力的。

「雪と氷の科学者 中谷宇吉郎」東晃著、北海道大学図書刊行会、一九九七年

中谷の評伝は優れたものが複数あるが、中でも本書は、中谷に直接師事し、長年その謦咳に接した筆者のもの。編年体にとらわれず、研究テーマごとに書き分けるスタイルも新鮮。

本書は、『中谷宇吉郎集』（全八巻、岩波書店、二〇〇〇－〇一年）を底本としました。同書未収録の「自然の恵み」「琵琶湖の水」は『中谷宇吉郎随筆選集』（全三巻、朝日新聞社、一九六六年）を底本としています。

表記は、新字新かなづかいに改め、読みにくいと思われる漢字にはふりがなをつけています。また、今日では不適切と思われる表現については、作品発表時の時代背景と作品価値などを考慮して、原文どおりとしました。

なお、文末に記した執筆年齢は満年齢です。

装画・写真・スケッチ　中谷宇吉郎

STANDARD BOOKS

中谷宇吉郎 雪を作る話

発行日――2016年2月10日 初版第1刷
2021年9月10日 初版第4刷

著者――中谷宇吉郎
発行者――下中美都
発行所――株式会社平凡社
東京都千代田区神田神保町3-29 〒101-0051
電話（03）3230-6580［編集］
（03）3230-6573［営業］
振替 00180-0-29639

印刷・製本――シナノ書籍印刷株式会社
編集協力――大西香織
装幀――重実生哉

ISBN978-4-582-53154-1
NDC分類番号914.6 B6変型判（17.6cm） 総ページ216
平凡社ホームページ http://www.heibonsha.co.jp/

STANDARD BOOKS　刊行に際して

STANDARD BOOKSは、百科事典の平凡社が提案する新しい随筆シリーズです。科学と文学、双方を横断する知性を持つ科学者・作家の珠玉の作品を集め、一作家を一冊で紹介します。

今の世の中に足りないもの、それは現代に渦巻く膨大な情報のただなかにあっても、確固とした基準となる上質な知ではないでしょうか。自分の頭で考えるための指標、すなわち「知のスタンダード」となる文章を提案する。そんな意味を込めて、このシリーズを「STANDARD BOOKS」と名づけました。

寺田寅彦に始まるSTANDARD BOOKSの特長は、「科学的視点」があることです。自然科学者が書いた随筆を読むと、頭が涼しくなります。科学と文学、科学と芸術を行き来しておもしろがる感性が、そこにあります。

現代は知識や技術のタコツボ化が進み、ひとびとは同じ嗜好の人としか話をしなくなっています。いわば、「言葉の通じる人」としか話せなくなっているのです。しかし、そのような硬直化した世界からは、新しいしなやかな知は生まれえません。

境界を越えてどこでも行き来するには、自由でやわらかい、風とおしのよい心と「教養」が必要です。その基盤となるもの、それが「知のスタンダード」です。手探りで進むよりも、地図を手にしたり、導き手がいたりすることで、私たちは確信をもって一歩を踏み出すことができます。規範や基準がない「なんでもあり」の世界は、一見自由なようでいて、じつはとても不自由なのです。

このSTANDARD BOOKSが、現代の想像力に風穴をあけ、自分の頭で考える力を取り戻す一助となればと願っています。

末永くご愛顧いただければ幸いです。

2015年12月

ロゴマークデザイン：重実生哉